产业经营效益优先

致力媒体融合发展

大力发展文化产业

MEITI DUOWEI CHANYE
YU AI JUBIAN

媒体融合发展内容开发前沿读物

媒体多维产业与AI聚变

谢方 著

中国广播影视出版社

图书在版编目（CIP）数据

媒体多维产业与AI聚变 / 谢方著. --北京：中国广播影视出版社，2018.3
（媒体融合发展内容开发的前沿读物）
ISBN 978-7-5043-8041-8

Ⅰ. ①媒… Ⅱ. ①谢… Ⅲ. ①传播媒介－产业发展－研究－中国 Ⅳ. ①G219.2

中国版本图书馆CIP数据核字（2017）第272522号

媒体多维产业与AI聚变
谢 方 著

责任编辑	贺 明 房 远
封面设计	文人雅士

出版发行	中国广播影视出版社
电　　话	010－86093580　　010－86093583
社　　址	北京市西城区真武庙二条9号
邮　　编	100045
网　　址	www.crtp.com.cn
微　　博	http://weibo.com/crtp
电子信箱	crtp8@sina.com

经　　销	全国各地新华书店
印　　刷	河北鑫兆源印刷有限公司

开　　本	710毫米×1000毫米　1/16
字　　数	163（千）字
印　　张	16.5
版　　次	2018年3月第1版　2018年3月第1次印刷

书　　号	ISBN 978-7-5043-8041-8
定　　价	42.00元

（版权所有　翻印必究·印装有误　负责调换）

本书内容简介

2016年湖南广播电视台总收入超过200亿元,其中卫视广告收入贡献在50%左右,卫视加总台人均创收445万元(国内某著名企业同年收入5200余亿元,人均创收306万元)。支撑湖南广播电视台在传统媒体收入大幅下滑的情况下逆势高速增长的原因,是全台坚持融合发展、新闻立台、节目创新、营销创新和科学管理。本书介绍了这些内容,同时又从媒体发展论入手,逐步伸展到媒体融合发展的思路、媒体产业组合、内容产业、多维(N维)空间研究及人工智能(AI)、人财物管理和风险控制办法,书中含有39个案例。

这同样是一部关于媒体融合发展的前沿读物,也是作者关于媒体融合发展的前沿系列丛书中的第二本书(第一本是《数字音像档案研究与开发应用》,2017年5月由中国广播影视出版社出版),本书可作为媒体以及高等院校新闻与传媒学院的专业读物,也可作为其他企业向文化产业转型的学习参考书。

研究新技术适应新趋势
加力发展文化创意产业

文选德

认识谢方同志,还是在 1992 年我任职于湖南广播电视厅的时候,那时他是湖南广播电视学校常务副校长。1994 年他任湖南音像资料馆馆长时,参加了我在省委宣传部主持召开的一次专项工作会议。1997 年湖南音像资料馆建馆十周年之际,我正在浏阳出差,于是给他写了一封贺信,信中写道"音像事业是一种最具有发展前途的事业和产业",音像资料、节目资料、音像档案,都是记录在磁性介质或者半导体芯片上的音视频信息。时间一晃就是二十年,今年省委提出"北有中关村,南有马栏山",建设马栏山视频文化产业创意园的响亮口号,科学技术越发展,人们对精神文化的需求就越大,文化产业即将成为我国的支柱产业,形成数十万亿元的产业规模,这也许是时代发展的趋势和需要。

昨天晚上,谢方同志告诉我,他 2017 年 5 月写了一本专著,书名叫

《数字音像档案研究与开发应用》，把他在音像资料领域工作二十年的研究成果都收录进去了，中国社科院学部委员黄长著先生认为，这些研究成果填补了我国在这个行业理论研究的一些空白。不仅如此，他的新作《媒体多维产业与 AI 聚变》书稿也已完成，嘱我为之作序。这本书从媒体融合发展的思路入手，逐步伸展到媒体发展论、节目生产、媒体产业组合、人工智能 AI、人财物管理和风险控制，书中含有 39 个案例，其中许多内容源于他的亲身工作实践，书中也收录了近年来他在国家中文核心刊物《中国广播电视学刊》上发表的相关论文，其内容颇有新意，极具实用价值。联想到近些年，由于受"互联网+"的冲击，过往的传播媒体，在事业的建设和产业的发展上都受到了很大的影响，且不断涌现出诸多尽显高科技的新媒体。因此，我们要研究新技术，适应新趋势，同时大力发展文化创意产业，不失为一个好的举措，而这本书适逢其时正好研究了这些问题，希望它能对媒体从业者有所启迪，也希望谢方同志还能写出更多、更新的精品力作。

是以为序。

2017 年 9 月 19 日于长沙

（作者系中共湖南省委原副书记）

融合发展是传统媒体生存发展的必经之路

陈 刚

自从2013年互联网媒体广告收入超过央视广告收入以来,广告市场还在继续往新媒体方向倾斜,这种变化几乎是不可逆的。这是因为新技术尤其是人工智能技术,在大数据处理中的广泛应用,使新媒体能够精确分析每一个用户的喜好,统计和评估用户的消费取向,然后再把用户的移动客户端与企业广告准确对接。这种技术带来的变化是深刻的,如果我们传统媒体不学习、不掌握、不应用,那就只能是路子越走越窄。实际上,人们获取社会公共信息的工具一直在变化,从报刊、收音机、电视机、个人电脑,到现在的手机,工具在变,媒体运作方式当然也在变。传统媒体的这种转变是艰难的、痛苦的,但也是必需的,只有转变才能获得新的生机、新的发展。

我结识谢方同志是在2010年,那年在湖南省委宣传部参加论证会,论证他给省委的建议:建设湖南省海量文化数据库项目《湘江颂》。去年,谢方同志参与了一些广告经营方面的研究工作,于是我们又有了联系。2017年9月底他来北京大学参加培训,受委托邀请我为他们全班做

了题为"数字逻辑与融合发展"的专题讲座,其间他送我一本今年5月由中国广播影视出版社出版的他撰写的专著《数字音像档案研究与开发应用》,书中看到他有4篇论文获得中国广播电视学会论文一等奖。谢方先生在湖南广播电视台工作35年,拥有专业的学识和丰富的经验,他既是一位富有创新精神的学者,又是一位在媒体文化产业中耕耘了三十多年的实践者。

前几天,他又完成一本书稿,书名是《媒体多维产业与AI聚变》,请我为他写序。这本书主要探讨媒体融合发展,该书较为系统地阐述了当代媒体拥有的多种产业、人工智能及新媒体、媒体管理、风险控制和数十个案例,他在业界首次提出《媒体发展论》,并且分析了媒体N维产业发展空间,这些内容都是传统媒体走向融合发展所需要涉及的内容,它填补了媒体融合发展研究的一些空白。本书的出版,对媒体工作者、文化产业从业者以及高校学生认识和参与媒体产业实践等,都极具参考价值。同时,还可以引发大家积极探索媒体融合发展之道,为文化强国贡献我们的智慧和力量。

2017年10月21日　于北京大学

(作者系北京大学新闻与传播学院党委书记、副院长、教授、博士生导师,广告学系主任、新媒体营销传播(CCM)研究中心主任,中国广告协会学术委员会主任,中国广告教育研究会会长。)

绪论 ·· 1

❖ 第一章 媒体产业组合 ❖

1.1 媒体发展论 ·· 7

1.2 全媒体思维 ·· 11

1.3 视频网站 ··· 16

1.4 传统频道 ··· 19

1.5 付费电视 ··· 21

1.6 网络游戏 ··· 23

1.7 节目公司 ··· 23

1.8 电视购物 ··· 28

1.9 文化地产 ··· 29

1.10 投资融资 ·· 34

    1.10.1 投资 ··· 35

1.10.2 融资 ………………………………………………………… 39

1.11 商道 ……………………………………………………………… 41

  1.11.1 内容产业的商业模式 …………………………………… 42

  1.11.2 其他商业模式 …………………………………………… 44

第二章 内容产业

2.1 内容产业 ………………………………………………………… 53

  2.1.1 节目导向 ………………………………………………… 55

  2.1.2 节目创新 ………………………………………………… 58

  2.1.3 节目制作 ………………………………………………… 60

2.2 数字音像档案 …………………………………………………… 67

  2.2.1 介质与保存 ……………………………………………… 69

  2.2.2 整理 ……………………………………………………… 73

  2.2.3 媒资编目 ………………………………………………… 89

  2.2.4 版权著录 ………………………………………………… 96

  2.2.5 数字音像档案的应用 …………………………………… 98

2.3 版权开发 ………………………………………………………… 148

2.4 版权营销 ………………………………………………………… 152

  2.4.1 节目定价 ………………………………………………… 152

  2.4.2 版权交易 ………………………………………………… 154

2.5 广告营销 ………………………………………………………… 156

第三章　N维产业研究

- 3.1　平面空间的发展潜力 169
- 3.2　N维产业发展空间 175
  - 3.2.1　正N边形面积之比 176
  - 3.2.2　正N边形体积之比 177
  - 3.2.3　N维产业盈利能力 178
- 3.3　人工智能AI与智慧广电 179
  - 3.3.1　AI概况 180
  - 3.3.2　国家战略 182
  - 3.3.3　智慧广电 189
  - 3.3.4　智能分发 190

第四章　媒体产业管理

- 4.1　版权管理 195
  - 4.1.1　确权授权维权 196
  - 4.1.2　境外媒体版权业务状况 197
  - 4.1.3　着力推进媒体版权建设 199
  - 4.1.4　努力做好节目版权开发 203
- 4.2　预算管理 204
  - 4.2.1　预算管理现状 204
  - 4.2.2　全新预算管理体系 205

4.2.3　X、F 参数及投入产出比 …………………… 206

　　4.2.4　建立预算审核参照系 ……………………… 209

　　4.2.5　深度掌握市场的数据 ……………………… 210

　　4.2.6　推进全流程预算管理 ……………………… 211

4.3　人才管理 …………………………………………… 212

　　4.3.1　人才 ………………………………………… 213

　　4.3.2　激励 ………………………………………… 220

　　4.3.3　制片人制 …………………………………… 228

　　4.3.4　AB 轮换 ……………………………………… 229

　　4.3.5　班子考核 …………………………………… 229

第五章　风险控制

5.1　岗位的风险防控 …………………………………… 235

5.2　赤字的风险防控 …………………………………… 236

5.3　节目生产空心化的风险防控 ……………………… 237

5.4　广告营销的风险防控 ……………………………… 238

5.5　电视剧购买的风险防控 …………………………… 239

5.6　节目生产环节的风险防控 ………………………… 239

5.7　设备购买租赁的风险防控 ………………………… 241

案例检索 …………………………………………………… 245

参考文献 …………………………………………………… 247

后记 ………………………………………………………… 249

绪　　论

"文化"一词最早见于《易经》，意指"文治教化"，简而言之就是文治、德治，与武治、法治相对应。文化的内涵，从广义上说是人类在社会历史发展过程中所创造的物质财富和精神财富的总和；从狭义上讲，是指与物质世界相对应的精神财富，包括文学、艺术、教育、科学、道德、信仰等，其中道德信仰在整个文化体系中居核心地位，作为意识形态的文化，是社会政治和经济的反映，同时它又作用于社会的政治和经济。文化在日常生活中又指人们运用文字的能力及拥有的一般知识。文化产业是指在现代市场经济体系中，把文化产品作为商品进行生产、交换并获取利润的产业。文化产品是指人们在思想、文学、艺术等精神生产和交往活动中所获得的，并用语言、文字、影视等载体表达的产品（不同于物质产品）。

我们认为，拥有灿烂文化和强大国防的民族，才是真正强大的民族，因为文化是一个民族的灵魂，而国防是一个民族不受外来侵略的保证。文化可以固本兴邦，可以丰富人民生活和创造财富，文化可以走出国门，让世界人民从心里理解和接纳中华的崛起。

从文化的作用出发，可以推导出文化创意产业的主要责任：

一是舆论引导责任。立足文化创意产业性质、地位和作用，将把握正确导向作为最大政治、最硬道理、最根本的任务，把坚持社会效益作为文化创意产业建设的首要理念。

二是自身发展责任。以中国特色社会主义理论指导实践，坚定不移地走中国特色的文化创意产业发展之路。文化产业要承担起舆论引导、社会教育、文化传承的责任。

三是服从国家文化产业发展战略的需要。2017年是"十三五"规划的第二年，是我国文化创意产业加速转型的战略机遇期，是我国由文化创意产业大国向文化创意产业强国跨越的关键时期。

2014年8月，中央全面深化改革领导小组第四次会议审议通过了《关于推动传统媒体和新兴媒体融合发展的指导意见》。党和国家从发展文化产业和舆论安全的角度考虑，提出传统媒体和新媒体融合发展的战略，这给媒体和文化产业的发展提供了最大的政策红利。

下面我们不妨从世情、国情、台情三个方面来看看我们所面临的时运趋势：

一、世情。古往今来，战争、和平与发展是世界的永恒主题。随着阿富汗、伊拉克、利比亚、叙利亚反恐战争以及2008年金融海啸、伊斯兰文明和俄罗斯对美国的反挤压，美国统治全球的能力在走下坡路。美元作为国际储备货币，份额从历史峰值的70%滑向50%，美国经济的影响力正在衰落。此消彼长，中国经济对全球经济贡献率至今维持在1/3以上，中国有望在2030年前后成为世界第一大经济体，随着"一带一路"和亚投行的建设，中国正稳步走向世界舞台中央。

二、国情。高铁、核电、互联网（阿里购物、腾讯社交、华为通信等）、金融、军工、人工智能、北斗导航、量子通信和超级计算都走在世界前列。展望未来中国经济增长点，以下五个方面最为突出：（1）农业现代化，完成第四次土地改革；（2）工业 4.0 时代，即"自动化+信息化+智能化"；（3）智能数字信息产业；（4）人民币国际化；（5）文化产业。

2016 年中国 GDP 为 74.4 万亿元，文化产业的产值约占 4%，即 3 万亿元，十年后 GDP 大致在 140 万亿元左右，文化产业占比有望达到 20%，即 28 万亿元，由 3 万亿元到 28 万亿元，说明 GDP 每增 1 倍，文化产业就增加近 10 倍。显然，未来中国经济的语言将是"科技智能+万物互联+文化产业"。在科技高度发达之时，文化消费将急剧增长，文化产业将迎来黄金时代。因此，努力发展文化创意产业，是一件有巨大想象空间的事情。

三、台情。各级广播电视台在融合发展、宣传创新、队伍建设、多种经营、科学管理上都取得了一定的成就，新人辈出，意气风发，对未来充满信心。这些成就，都是在台党委领导下，执着创新、努力奋斗的结果。但是，从宏观层面上看，广电行业在广告创收上遭遇了困难，一些台广告收入严重下滑到 50% 以下，有的台甚至靠政府全额拨款才能维持运营。广播电视台经营面临的问题主要有三：

（一）传统媒体遭遇市场天花板，新媒体市场强劲增长，两个市场呈现冰火两重天。2013 年，阿里、百度广告收入首次超过央视广告收入，2016 年全国 31 个省市卫视广告总额 393 亿元，比 2015 年的 409 亿

元下降4%,如果除去湖南、浙江、江苏、上海、北京五个省市卫视,余下26个省市卫视年平均广告收入为4.8亿元,不仅是传统上星频道遭遇新媒体冲击,地面频道同样收入大幅减少,有的台广告收入出现"腰斩"。究其原因,一是广告市场向互联网迁移;二是经济结构调整,企业广告投放减少;三是广告市场管理规范化,一些虚假广告禁入市场。由于传统媒体高度依赖广告收入,如果广告创收不能完成既定任务,就意味要透支老本,加上其他项目建设需要开支,给媒体带来资金链上的风险。

(二)广播电视台大多不擅长发展相关产业,而且其他部门收入上缴给台里的又不多。

(三)融合发展有一个适应过程。培育期的新媒体也许处在亏损状态,虽然品牌价值上升,但管理上需要增收降耗,做到盈利仍需时日。

市场变了,我们怎么办?

出路在于融合发展,以及努力发展相关产业。从长远来看,融合发展是广播电视台面向未来的最佳选择。一方面,融合不是简单的"广电+新媒体",而是以互联网思维,将广播电视和新媒体融为一体,变成全媒体,这完全不是过去意义上的广播电视。另一方面,传统媒体已不能单靠广告维持生计和发展,还需要把创办的新媒体做到盈利,这就要依靠人工智能管理的大数据处理技术,这种技术可以使新媒体获得巨大的变现能力,所以我们借用核物理中的"聚变"一词,称之为"AI聚变"(AI,是英文Artificial Intelligence的缩写,意即人工智能),同时,我们还要兼顾多种产业经营,以新媒体的增量、产业经营的增量,来填补传统媒体广告收入的减量,以全媒体的能量来扩大品牌影响力,创造更大的社会效益和经济效益。所以,我们需要正确认识互联网技术给传统媒体带来的深刻变化,正确认识融合发展的意义,才能把主流媒体建设得更好。实际上,英国 BBC 早在 2014 年就考虑到融合发展问题,取消了电视频道,改为以内容划分并建立"部门",运用大数据智能分析,通过全台所有渠道分发节目内容。

  本书由五章组成,主要叙述融合发展、媒体发展论、内容产业、媒体产业组合、多维(N维)产业研究与人工智能 AI、产业管理和风险控制。本书可作为媒体以及高等院校新闻与传媒学院的专业读物,也可作为其他企业向文化产业转型的参考书籍。

第一章　媒体产业组合

本章将从阐述媒体发展论入手，紧接着介绍媒体融合，再到媒体产业。媒体产业是文化创意产业的重要组成部分，它是指传播各类信息的按照工业化标准进行生产的媒体实体部分所构成的产业，它是以生产和传播各种文字、图片、声音、影像、数码等形式存在的信息产品以及提供各种增值服务的产业。现代媒体产业是指以数字技术、计算机网络技术为依托，以网络媒体、手机媒体、互动性电视媒体、移动电视、楼宇电视等新型媒体为主要载体，按照工业化标准进行生产和传输各种内容信息的产业。媒体产业对于媒体而言是一件具有重要意义的事情，因为它事关媒体的生存和发展，尤其是随着国家产业结构调整和互联网广告市场的上升，传统媒体广告市场出现整体下滑，许多台广告收入降幅超过50%，在这样一个情况下，传统媒体努力发展相关产业，减少对广告的依赖程度，以产业收入的增量弥补广告收入的减量，就显得尤为重要。发展产业关键在于明确产业发展思路、选择产业方向和走对产业发展道路。媒体产业的思路宜是："目标至少要管三年，投资项目效益优先；内容优势坚持守护，产业多元虚实兼顾；台网互动营销互链，事业兴旺队伍清廉。"这里"虚实兼顾"指资本运作加实体经济，我们要以产业收入增量弥补广告收入减量。在选择产业方向上，大方向是融合发展，在传统媒体、新媒体产业链上互相兼顾，同时根据国家政策指向，选择一些适合媒体开展的项目加以开展。媒体在产业建设上，都应优先投入盈利项目，严控重资产盈利弱的项目。同时，提倡产业精耕细作，规范上缴产业利润。在选择产业发展道路上，要结合媒体的自身优势，充分做好市场调查，优先选择效益好的项目，先易后难，走出一条适合自己发展的产业创新之路。

本章我们将讲述广播电视台已经在建的多种产业。

➢ 案例1 文广产业

上海 SMG 文广集团 2016 年广告创收约 62 亿元，占集团总收入的 19.5%，在传统媒体广告市场急剧下滑的情况下，他们找到了新出路，那就是大力发展多项产业，总收入达到 320 亿元，以产业增收弥补广告收入的下跌，减少了对广告收入的过分依赖。

1.1 媒体发展论

媒体（Media）是指传播信息的媒介。纵观世界百年媒体行业的变迁，以及对媒体大量案例的分析，可以从五个方面归纳和总结媒体发展规律，亦可称之为"媒体发展论"（Media Development Theory，MDT）：

1. 需求决定媒体存在。媒体存在的根本理由，是人类社会对信息的需求。在市场经济的环境下，媒介个体的存在，则取决于社会和群众

的需要,以及其对市场的适应。

2. 领导决定媒体成败。媒体领导对媒体发展趋势的认知水平和领导能力,决定媒体的成败。对当今媒体而言,战略层面的先进技术是组成新媒体基石的智能化大数据处理技术,只有依靠这个技术,顺应时代科技趋势,媒体才能健康存在。

3. 人才决定媒体成就。媒体的核心资源是人才,其决定媒体成就的大小。但凡出现一个巨大成功的媒体,无一不是因为拥有一群出类拔萃的人才。

4. 创新决定媒体发展。媒体发展的动力是创新。

5. 管理决定媒体效率。媒体运营的效率,取决于管理,尤其是整个管理团队的素质。

传统媒体在融合发展过程中,创新主要体现在六个方面:媒体生存之路的创新、数据化内容生产创新、全媒体客户营销创新、多维度产业经营创新、媒体人财物管理创新和大数据处理技术创新。

无论是传统媒体还是新媒体,首先都要解决生存问题,先生存,后发展。在生存问题上,必须解放思想,走创新之路。例如,在报纸行业效益不佳的大气候下,浙江日报集团解放思想,大胆收购边锋等游戏公司,由此而介入新媒体,用新媒体的丰厚回报,回馈报纸主业,较好地解决了集团的生存和发展问题。

数据化内容生产创新,在于全数据化生产和内容创新。从文字、图片到视频,都是对数据化信息的处理,电视节目的前期拍摄、后期编辑、虚拟化特技,全部都是通过数字技术实现的。内容生产的创新主要是指内容本身或者故事的创新,当然也包含内容生产制作的技术创新。内容创新的成果,体现在节目爆棚,给人以深刻的印象和巨大的社会效益;制播技术创新的成果,体现在优美的视觉、听觉感受,给人以自然真实的感受,由此带来巨大的经济效益。"内容为王"一说正是来源于此。

全媒体客户营销创新,主要是解决传统媒体如何巩固老客户,挖掘民企500强的新客户,寻找年投放2000万元广告的中型客户,以及年投放200万元广告的小型客户(拼盘广告)。对于新媒体,主要是解决小微企业广告客户的发展数量,比如每个企业广告年投入10万元,用1万人的广告队伍,去发展100万家小微企业广告客户,获得1000亿元的广告年收入等。

多维度产业经营创新,可以使媒体获得更为健康的发展,同时降低媒体对广告收入的过分依赖。媒体除了生产内容,买卖内容版权和广告,还应该兼顾发展资本投资、文化创意地产、相关服务等,把媒体真正建设成为文化产业的航母舰队。

媒体人财物管理创新,决定媒体的运营效率。人的管理主要是选拔、培养、使用和建设薪酬股权激励机制。财物的管理主要是实行科学的预算管理、财务流程管理和物资采购管理,对资金使用、资产购置要有效益考核、监管措施和风险防控举措。由于对媒体人财物的管理是由人来完成的,所以媒体管理的质量又取决于管理团队的素质。开展学习培训,无疑是提升团队素质的最为有效的措施。

大数据处理技术创新,是当代媒体根本性的创新,是传统媒体实现

融合发展所必须掌握的核心技术。新媒体发展之所以如日中天，就是因为采用了智能化大数据处理和强大的内容推送引擎。大数据技术的关键是应用人工智能对海量的信息（文章、图片、视频等）和网民用户数据进行自动分类处理，实现海量信息和海量广告与网民用户的精确对接投送。传统媒体只能容纳每天24小时播出内容，拥有数百家广告客户，而新媒体每天可以发布几十万条内容信息（理论上可以无限量），拥有几十万甚至无限的广告客户。所以，传统媒体广告年收入上百亿元的不多，新媒体广告年收入上千亿元的不少。这种巨大差异，皆由智能化大数据技术引起。实际上，每次推动媒体更新换代的力量，都是科技的力量，都是那些带有战略意义的科学技术所为。从用印刷机生产报刊，到用无线电电子管生产收音机，再到黑白电视、彩色电视、个人电脑、移动手机，这些信息工具所对应的报刊社、广电台、新媒体的替换，无一不是由技术而引起。媒体研究新技术就能引领新时代，运用新技术就能跟上新时代，而漠视、排斥新技术就会被新时代淘汰。当今左右媒体发展全局的战略技术，是人工智能大数据处理技术，深度与它融合，就能获得媒体全局性的胜利。否则，只能日落西山，无可奈何花落去。

从新媒体的收入体量远远超过传统媒体来看，科学技术成了"大王"，而内容只能算"二王"。科技是导致媒体发生革命性变化的根本力量，是硬实力，而内容只能处于从属地位，是软实力。新媒体的人工智能大数据处理技术，是当今事关媒体行业全局的战略性技术，传统媒体的电子化制播技术，是事关局部的战术性技术，比较二者的信息处理能力，前者的信息处理速度和数量要比后者大出无数倍，所以前者的发展速度和规模,轻易地超越后者。由此可见,传统媒体要想获得大发展,唯一的出路就是拥抱和依靠智能化大数据处理技术,把自己的"底座"由战术型电子制播技术,换成战略型的智能化大数据处理技术,让自己变成全媒体,一举实现与新时代同步。只有这样,传统媒体才不会被淘汰出局,才能做大做强,才能确保国家舆论的安全,而这也正是融合发展的本质所在。

下面我们沿着媒体发展论的思路,逐步介绍这些内容。

1.2 全媒体思维

一、新技术带来的深刻变化

在古代,人们了解公共信息是通过阅读墙上张贴的布告,后来出现传单、书籍、报纸杂志,1785 年在英国诞生了规模化生产的《泰晤士报》。1904 年电子真空管、1947 年半导体晶体管、1959 年集成电路等陆续出现,接踵而来的是 1920 年美国匹茨堡 KDKA 电台开播,1936 年英国播出黑白电视(中国在 1958 年),1954 年美国实现彩色电视播放(中国在 1980 年),1969 年美国在 4 所大学实现互联网通信(中国 1994 年起步),2000 年中国推出移动梦网,2004 中国出现支付宝,2013 中国推出微信支付,新媒体电子商务领先全球。于是,人们获取公共信息有了新的工具,从报刊、收音机、黑白电视、彩色电视,到电脑互联网和手机移动互联网。

这种由新技术给传媒行业带来的深刻变化,不仅改变了传媒的传播

机制、影响力，而且改变着传统媒体和新媒体的市场份额，使新媒体的体量膨胀到传统媒体的若干倍。

1. 传播方式改变

传统媒体是相对于近几年兴起的网络媒体而言的，传统的大众传播方式，即通过某种平台向社会公众发布各种信息的媒体，主要包括报刊、户外、通信、广播、电视等传统意义上的媒体。新媒体是以数字技术为基础，以网络为载体进行信息传播的媒介。如数字杂志、数字报纸、数字广播、手机短信、移动电视、网络、桌面视窗、数字电视、数字电影、触摸媒体、手机网络等。相对于报刊、户外、广播、电视四大传统意义上的媒体，新媒体被形象地称为"第五媒体"，特点是智能化大数据处理和用户精准对接，市场巨大。

2. 影响力的变化

传统媒体拥有权威性和良好的传播平台，但人们停留在传统媒体上的时间在急剧减少。许多人从前花在传统媒体上的时间是日均3小时，现在是一个月3小时。过去花在手机上的时间日均不足1小时，现在达到日均3小时以上，尤其是手机那些日新月异的新功能，逐步替代了传统媒体的功能。手机屏，不仅汇集了报纸的文章、画报的图片、电台的广播、电视的视频，还集成了游戏、商品买卖、旅游、汽车保养等各种服务功能，所有功能在一个APP（Application，指智能手机的第三方应用程序）上全部解决。由手机新媒体带来的变化使传统媒体影响力下降，新媒体影响力上升，这种变化对传统媒体产生的影响和冲击是巨大的。所以，从某种意义上说，能有效占领手机屏就是实践融合发展，这是因为手机移动网代表着当今互联网新媒体的发展方向。

3. 广告市场剧变

2010年以前，传统媒体市场受新媒体的影响不大，但在2013年前后新媒体迅速崛起，单个新媒体的广告收入已经超过单个传统媒体，如今国内单个传统媒体广告年收入达到100亿元的不多，而单个新媒体年度广告收入超过100亿元的不少，2016年阿里广告收入达到853亿元。这种收入的巨大差异，引发许多要素在变化。例如，电视剧市场出现了"首轮剧"的变化，2003年至2013年，一线卫视在电视剧市场拥有话语权、定价权，而后权利逐年下降，到2016年，电视剧市场的话语权、定价权就被新媒体视频网拿走了，因为他们财大气粗。现在视频网站拍剧，开张就是投4亿元、5亿元，而且投资额度还在与日俱增，于是，绝大部分电视台买不起首轮剧，即使买得起，受众人数也在减少，很难赚回投入的本金。

由上可见，互联网新媒体和移动互联网，不仅抢走了与收音机、电视机相关联的传统媒体的风头，而且势如破竹，一发不可收拾，尤其是广告市场开始向新媒体倾斜，迫使传统媒体做出重大改变。

二、全媒体思维

传统媒体要在新的技术环境下继续存在和发展，就必须顺应时代趋势，研究和采用新技术，走与新媒体融合发展的新路。

2016年2月，习近平总书记在党的新闻舆论工作座谈会上发表重要讲话，提出媒体"融合发展关键在融为一体，合而为一"的要求，要尽快从相"加"阶段迈向相"融"阶段，从"你是你，我是我"变成"你中有我，我中有你"，进而变成"你就是我，我就是你"，着力打造一批新型主流媒体。

传统媒体与新媒体的融合发展，既是国家舆论安全的战略需要，也是解决传统媒体生存与未来发展的根本措施。融合的关键是要用全媒体思维着力建设好新媒体，核心是要打造强大的新媒体内容推送引擎。这个内容推送引擎，是以算法语言、用户大数据智能处理、节目智能化分类、机器深度学习能力、媒体与用户互动、高速发布推送信息等技术为支撑，再结合各种经营服务组成一个全媒体生态链。

传统媒体与新媒体融合发展，形成全媒体，从操作层面和技术上讲，全媒体思维至少包含四个方面，即互联网思维、移动互联网思维、全媒体的新思维和智慧化思维。互联网思维是开放共享、用户互动；移动互联网思维是碎片化、互动、用户大数据处理、精准推送、第三方支付等；全媒体的新思维是音视频内容、用户互动、产品、服务、移动、大数据智能化管理和经营；智慧化思维是从内容制作、运营、分发、经营的全流程智能化，它充分利用人工智能技术对用户大数据（包括情景感知数据）进行分析，对海量内容（文章、图片、视频）数据自动识别和分类处理，形成用户和内容的"精确匹配"的投送，充分满足个性化需求，即使是同一个媒体平台，呈现给用户的主页也是万人万面。

过去，广播电视台是传统媒体，其节目终端是收音机和电视机，通过无线或有线渠道单一方向传输和播放，由单一广告营销获得收入，以社会反响和收视率数据作为媒体评价体系。

现在，广播电视台是全媒体，其节目终端是电视机、IPTV、OTT、电脑、平板电脑、手机等，节目全流程都采用互联网思维，实现内容生产、技术开发、多重营销等不同领域的跨界合作，通过智能化用户大数据处理和智能化内容分发，实现和用户的双向互动传输，通过大数据分析建立自己的评价体系。这种业态创新，带来全新的媒体商业模式，即"传统广告+精准投放+版权开发+线上线下粉丝经济"，从内容信息、电子商务、实体经济等多个领域获取收益。

三、用五个融合建设全媒体

2014年8月18日，习近平总书记在中央深改小组第四次会议上提出"推动传统媒体和新兴媒体融合发展，强化互联网思维，坚持传统媒体和新兴媒体优势互补、一体发展，推动传统媒体和新兴媒体在内容、渠道、平台、经营、管理等方面的深度融合"。

内容融合就是要将传统媒体的节目，从内容策划、生产、采购到播出，都与新媒体打通，双平台播出、双向互动。

渠道融合，通过现代播控网络技术，将内容生产、存储、内容数据移动互联互通，从传统电视机，到IPTV、OTT，以及平板电脑、移动端，所有渠道全部融合打通，联通现场观众、电视受众、新媒体用户，内容、产品、商品和谐一体。

平台融合是指传统媒体平台加上新媒体平台，资源共享，节目内容共享，品牌影响力共享，收视率与用户大数据共享，人才资源共享，形

成优势互补,双核驱动。

经营融合,主要是在媒体广告、多种经营、资本运作、客户资源上实现一体化经营。

管理融合,是指在宣传、人事、资产、技术管理上全部联通,运用全媒体思维,优化管理制度、执行力和监督措施,力争在传统媒体和新媒体之间融合创新,形成强大的全媒体生命力、发展力和变现力。

总之,我们要用全媒体思维来推动广播电视台的建设,每个频道都要注入全媒体思维的基因,要把自己改造成为全媒体频道,立足电视屏,开发手机屏,切实做好融合发展。唯有这样,广播电视这只威武之狮,才能迸发出崭新的活力,立于群峰之巅迎接全新的时代。

1.3 视频网站

未来也许大数据可以流通,智能化运算器的体积可以做得很小,谁都可以做到内容的精确投送。所以我们不能确定未来还会出现哪些更先进的媒体形态。但就当前而言,新媒体视频网站是建设全媒体的一种有效的选择。

视频网站是新媒体之一,它也可以建设在传统媒体里面。视频网站的首要责任同样是社会责任,维护国家舆论安全,承担起在融合发展上先行一步探路的重要使命。其次,建设视频网站,也是传统媒体适应媒体科技发展的这样一个事实所做出的选择,适者生存。为此,我们要积极主动地认识视频网站,用全媒体思维建设好视频网站。

视频网站是指在互联网的平台上,让互联网用户在线流畅发布、浏览和分享视频作品的网站,通常也把这类网站称为新媒体。

对于视频网站,我们有如下观点:

1. 充分认识新媒体的特点

广播电视台创办的新媒体主要以视频播放网站为主,受众主体是90后、00后,这些人能够引发新媒体文章、图片、视频及关联游戏的点击率和电信流量。但是这些受众的总体消费能力不强,等他们的消费能力强起来是在他们40岁左右,也就是2030年,所以视频网站的红利年代从现在算起是在13年以后。广电的新媒体有能力熬到那个时间段吗?如果是依靠政府买单当然没有问题,如果依靠自身能力通过市场来解决问题,那就要依靠盈利方式的创新。

在视频网站的建设实践中,我们发现一个有趣的现象,那就是出现大幅度的财务亏损,主要原因是购买节目、设备升级、网络频带租用等费用太高,入不敷出。优酷、爱奇艺、乐视等,每年都有亏损。芒果TV则是从2017年上半年才开始盈利,其经验主要是融合卫视节目版权、发展会员和控制节目成本、用人成本。

2. 科学合理设计盈利模式

电视是用来收看的,它的受众除了孩子、老人,就是陪伴他们的中年人,这些中年人具有很强的消费能力,所以投放电视广告社会影响大,拉动产品消费作用明显。网络是用来"用"的,互联网"看"的经济收效,不及互联网"用"的经济效益,所以视频网站年亏几十亿

元,而淘宝网用来卖商品年赚千万亿元。

既然视频网站用于"看",不容易盈利,那么我们就要在视频网站的"用"字上下功夫。

例如,逢年过节家家都要放些花炮。家里钱多的,买回的花炮粗大,燃放起来飞得高。然而花炮毕竟是花炮,燃放了钱也没了,这叫烧钱。但是,如果你的火药足够多,而且还能带上专业电子装备,飞到太空就成了卫星,就可以收取通信导航服务费,这叫赚钱。

视频网站如何变烧钱为赚钱,关键在网站对网民的精准服务上。我们应该考虑用创新商业模式来粘住网民消费,用优质服务的收益来获得消费分成。我们可以为视频网站设计 N 个消费服务盈利模式。例如,某网剧节目中的保健产品广告,这个产品引发养生产业链:中医保健、保健食品、长寿乡旅游、生态农庄休闲、在线就医、其他消费等。又例如,许多幼儿、中小学教育项目盈利良好,我们可以加以收购控股,从服务的规范化、规模化中获取收益。

当然,我们已经开展的运用大数据智慧分析,通过建设强大的推送引擎,把内容信息准确推送给手机移动端 APP、IPTV、OTT 等,发展网络广告、会员制收费、移动游戏、版权及衍生品、消费及第三方平台、增值业务和其他创新服务等多种盈利方式,注重自主节目版权价值的充分释放(一般在几千万元至几十亿元之间),同时,我们要控制人员编制,降低成本消耗,不断创新,实现盈利。

1.4 传统频道

频道又叫信道，它是广播电视信号在无线、有线或互联网中传输的通道。传统媒体的频道，通常是指上星电视频道、地面电视频道、有线收费电视频道和广播频道等。媒体的首要任务，是完成党和政府交办的宣传任务，其次是搞好经营创收，以维持媒体的日常运营。

传统媒体的经营创收，主要是通过播放各种自制或外购节目，出售广告时段来实现。此外，开展节目版权交易、商务推广活动和其他产业也能获得一定收益。

传统媒体核心资源是优质节目的自产能力。通常由台内有关部门根据市场需求提出节目生产要求，然后在全台内部征集节目创作方案，由评选出的优胜者来承担节目生产制作。一般而言，这种征集方案是在频道内部进行的，例如，卫视征集节目方案一般只在卫视进行，不对地面频道开放。实际上，卫视征集节目方案应该在全台范围内进行，地面频道都可以参加，这样才能充分利用全台的智力资源，调动全台节目生产员工的积极性，同时这样做还有一个好处就是降低节目制作成本，因为地面频道制作同等质量的节目，开支会低很多，由此节约了资金。

传统媒体主要通过播放节目出售广告时段获取收入。因此，广告营销就成了全台生存和发展的刚性任务。影响广告营销的主要因素有：频道节目影响力，整体经济形势的好坏，广告经营团队经营创新能力、游说客户的能力、追求客户的韧劲和毅力，广告部内部管理和内部激励等。还有专家认为，广告的优势主要是节目平台的优势，决不允许媒体广告业务员垄断平台资源。换句话说，就是一夜换掉所有广告业务员，广告同样可以做好，这是由于产品生产厂家习惯于由中介公司来代理广告业务，从中介公司来的广告业务量占到了媒体广告额的90%，而媒体广告业务员只掌握了10%的产品生产厂家，只要你的播出平台具有优势，广告中介公司就能为媒体赚钱。

一些传统媒体不太重视产业建设，一是认为术有专攻，我们就是做媒体的，其他的不是我们应该做的事；二是一些媒体负责人还不太熟悉产业经营，也不想尝试产业经营。这样的结果要么依靠政府拨款，要么完全依靠广告，广告一旦下滑，全台就会出现财务危机。

其实把产业建设好了，才能确保媒体的强大。我们在传统媒体中应该设立产业研究机构，为频道发展提供多种可以选择的产业项目，使频道实现有序发展。在传统主流媒体中，广告营销、版权营销、海外营销、新媒体游戏营销等，一般都是各自为政，没有形成合力。其实在产业上，关键是规模化生产和做大营销。我们许多频道节目不错，但营销做得不好，潜力很大。在节目和广告的营销上，各自为政的营销缺陷是不能形成统一的价格优势，不能实现产品价值的最大化。因此，我们要把营销统一起来，制定统一的营销战略规划，采用一体化体营销价格体系，打通全部媒体资源为客户提供全平台服务，实现产能效益最大化，这才是大营销。

1.5 付费电视

付费电视，指的是以"个性化、互动"为特点的具有收费节目的电视频道，其最大特点是用户在收看电视时没有广告，还可以自主选择节目菜单。付费频道一般都是关于某个专门内容的频道，例如，教育频道、垂钓频道等，国内现有100多个付费频道。付费频道年度收入在几百万元至几亿元不等。付费电视是通过有线网络传播的电视频道，收视费每月10元左右，完全以收视费维持频道生存的约占频道总数的10%。因此，付费频道还要以植入广告、开设产品直销网店等各种活动来获取收益。采用全媒体思维来办付费频道，将会是更好的选择。例如快乐垂钓频道创办了一款以直播、钓技分享为内容的垂钓类社交应用程序"上鱼"，2017年3月上线，目前注册用户接近100万，日均新增4000名用户，以打赏、虚拟道具、活动赞助、竞价排名、游戏运营等组成多种盈利模式。"上鱼"项目和付费频道形成双平台，由付费电视解决看和流量爆发，"上鱼"解决玩和流量发酵，形成良好的收益成长空间，预计2018年这款APP收入将达到2000万元。这是一个典型的传统地面电视频道运用全媒体思维，采用大数据互动，使传统电视频道的发展进入全媒体发展的快车道的例子。

如果其他地面频道也能有一个类似"上鱼"的APP，且APP的收入超过千万元，这个频道就走上了融合发展之路。对地面电视频道而言，还有许多内容可以做APP，使电视屏与手机屏互融互生，而APP

的后台大数据可以承载节目和广告的精准投放。

1. 买车 APP 产业链涉及：车赛、自驾游、汽车经销商、汽车保养店、汽车零配件供应、用车经验介绍、打赏、弹幕、游戏运营、虚拟道具、广告竞价排名、活动赞助、短视频、商业推介等。

2. 旅游 APP 产业链涉及：风光美景、线路介绍、旅行社、旅游产品、露营产品、旅游经验介绍、打赏、弹幕、游戏运营、虚拟道具、广告竞价排名、活动赞助、短视频、商业推介等。

3. 美食 APP 产业链涉及："窈窕奶爸"美食店、八大菜系介绍、做菜经验介绍、原料产地、食材推介、餐饮店、千家酒店服务联盟、打赏、弹幕、游戏运营、虚拟道具、广告竞价排名、活动赞助、短视频、商业推介等。

4. 养生 APP 产业链涉及：巴马休疗、南山休疗、定点公寓、巴马保健食品与矿泉水、充值优惠服务、打赏、弹幕、游戏运营、虚拟道具、广告竞价排名、活动赞助、短视频、商业推介等。

5. 教育 APP 产业链涉及：幼儿教育、中小学名师示范课、作业辅导、夏令营活动、教育用品商、打赏、弹幕、游戏运营、虚拟道具、广告竞价排名、活动赞助、短视频、商业推介等。

6. 摄影摄像 APP 产业链涉及：名师作品赏析、摄影旅游、评奖、摄影摄像器材、经验交流沙龙、打赏、弹幕、游戏运营、虚拟道具、广告竞价排名、活动赞助、短视频、商业推介等。

7. 历史音像 APP 产业链涉及：历史人物图文介绍、名人说史、历史题材影视作品赏析点评、商家推介、打赏、弹幕、游戏运营、虚拟道具、广告竞价排名、活动赞助、短视频、商业推介等。

1.6 网络游戏

网络游戏（Online Game）的简称为网游。网游从早先的一种免费PC游戏形式，今日已成长为一个相当成熟而庞大的游戏产业。任何有联网功能的游戏，似乎都称得上是网络游戏，而实际上，网游的概念相对要狭窄一些，换句话说更贴近 Online Game 的本意，只有完全依靠在线形式、不具备单机游戏功能的游戏才算是真正的网游。网络游戏主要是通过个人电脑和移动手机来实现的电子游戏，其中以古装武打游戏为盛。国内腾讯、网易是游戏的大赢家，它们的游戏年度收入都在 500 亿元以上。

全媒体发展游戏可以作为业务创新的一个选项。全媒体游戏公司的规模都不太大，年营销额在数亿元左右，主要业务工作是投资游戏制作团队获得游戏交易分成，以及游戏发行、买卖版权和广告经营等。游戏公司的成本，主要是游戏发布平台的费用、团队薪酬、公司管理费用等。在全媒体中，芒果互娱就是一家规模不大，但效益不错的网游公司。

1.7 节目公司

节目特指文艺演出或广播电台、电视台播送的内容项目，节目公

司，顾名思义它是生产和销售节目的公司，属于内容产业的范畴。市场中的节目公司主要生产电影、电视剧、综艺节目和动漫等，节目公司从初创到发展成为产业集团，会经历五年到十年的时间。一个新建的节目公司，需要考虑以下一些问题：

一、前期思想准备

首先，要明确发展方向，确定生产什么类型的节目。要找一群能做事的人，有出资人，还要有文案策划、前后期制作、舞美、灯光、音响、财务、后勤等多种人才，还要整合社会各种资源，根深才能树大。节目制作启动之前，要充分做好市场调研，最好还要确定节目成品的买家。我们还要严控节目生产成本，演员、前后期制作、吃住行三者开支比例大体上是7：2：1。

其次，格局决定结局，在给予人才的薪酬激励上面要大方。

二、几个发展阶段

（一）初创期

经济规模：10万元至1000万元。

主要工作：

1. 确定公司结构

可以设立节目生产部、节目营销部、行政部、人事部、财务部、法务部等。

2. 协商股权结构

（1）平均持股。例如，三个投资合伙人分别持股21%，余下37%

代持（预留给专业人才）。这种持股方式的缺点，是在股东合作开始的蜜月期可能不会产生争执，等到公司发展到了一定规模，如果出现分歧，假如没有一个人拥有绝对控制权，那么谁也不服谁，最终结果就是分道扬镳，创业失败。

（2）绝对控股。合伙人甲持股51%~67%，合伙人乙持股10%，合伙人丙持股10%，余下29%~13%代持（预留给专业人才），优点：控股人甲拥有绝对权威，有益于创业成功。

合伙人多持股份的理由：召集人（召集大家来创业的人）股权增加5%；创业点子及执行很重要（股权增加5%）；提出的概念已经着手实施可增加5%~25%不等；兼职CEO应该持股更多（股权增加5%）；信誉是最重要的资产（股权增加5%~50%）；现金投入应根据投资所占比例加以计算。

稀释股份，可以是全体股东同比例稀释，也可以是股份最多者独立稀释。

股东退出：股东离职就必须退出股份，否则是对留下来继续干的人不公平。退出股份的收购：原始投资加利息，或者评估公司价值购买。

股东拥有公司分红的权益，非股东可按其参与项目的贡献和项目的效益加以分配。

（二）成长期

经济规模：1000万元至3亿元。

主要工作：继续做大内容产业。

（三）上市期

经济规模：3亿元至100亿元。

主要工作：在公司结构上，可以增设"事业群：电视剧、电影、台综、新媒体（网综、直播、短视频、网红）、衍生品开发、植入软广告、国际发行、国际合作试验园"。

（四）扩张期

经济规模：100亿元至1000亿元。

主要工作：以节目生产为主业，在公司业务上，除了节目生产外，多余的资金还可以投入"智能服务、大数据处理、互联网+、金融、吃住行、旅游、文化地产"等项目上。

三、内容产业以创新为本

要极力创作出现象级的节目，才有可能获得巨大效益。一线省级卫视，因为坚持创新，所以获得了较好的效益，有时一档综艺节目就能有十亿元的收入。

此外，拥有节目生产的顶尖团队的公司，在与投资人合作时，要优先选择拥有平台资源的投资人。

➢ **案例2　资源比较**

拥有顶尖团队的节目公司A，如果有两个公司想与它合作，假如B公司只有资金，C公司既有播出平台又有资金，愿意按节目制作进度支付制作费用，并且承诺对节目制作费用兜底，那么节目公司A肯定更愿意与C公司合作，因为C的平台资源和财务能力，大大降低了公司A的经营风险。

➢ 案例3 内容产业

在省级卫视中，湖南、浙江、江苏、上海和北京这五家卫视，单频道广告收入就在20亿元以上，是全国省市卫视的领头羊，它们每个台都有许多社会影响大、经济效益好的综艺节目，有的一档节目年收入就超过十亿元。

民企中也有许多发展快的企业。成立不到两年的银河酷娱公司，半年生产两季20期网综节目《火星情报局》，卖了4亿元，成本仅4000万元。

电影《美人鱼》是2016年的电影票房之王。

2017年电影《战狼Ⅱ》，截至8月中旬，票房销售超过50亿元，创造了新中国成立以来中国电影票房的最高纪录。由此可见，文化产业拥有巨大效益和巨大潜力。

➢ 案例4 老牌影视

华策影视公司（股票300133），2016年收入44.4亿元，比上年增长67%，利润4.8亿元，比上年增长0.63%。它业务包含：电视剧、电影、综艺（台综）、新媒体（直播、短视频、网红）、国际发行、国际合作试验、50亩影视园建设、衍生品开发、植入软广告等，内部强化销售、行政、人事、财务、法务的管理。企业创办之初，股东们有个约定：不能把企业赚的钱都分掉，而是要留下来进一步发展公司的事业，于是他们资金充裕发展迅速，终于成为中国著名节目生产公司。

华策公司在确定投资电视剧之前，有一个投资风险控制流程，以防投资失败。他们的具体办法是：首先，做市场调查，了解受众的兴趣变化，确定待投资生产的电视剧受众定位。其次，从上百个电视剧剧本当中，请专家、媒体领导评审出十个剧本，再由公司董事会决定投资其中的三至五个剧本，拍摄出电视剧片段，登门到全国六个电视台或几个著名网站寻求购买意向，签署购买意向协议，方才开始拍摄。这样做，等于电视剧还没有生产出来，就已经确定了买家，消除了电视剧投资的风险。

1.8 电视购物

电视购物是以现场直播的方式直接售卖，即 Homeshopping，可以在某一频道滚动播出。电视购物是一种电视业、企业、消费者三赢的营销传播模式。电视购物相比较于网络购物，有着其天然的优势，因为电视频道在中国的权威性很高，其品牌的美誉度远远高于任何一家商业网站，而电视购物频道卖场直播的巨大感染力也是网上购物所不具有的。电视购物过程是通过电视购物频道推介商品，然后用户通过有线电话或者互联网、移动网下单完成商品的购买。

官方办的电视购物频道，对商品质量要求很高，用户诚信度评价比网购要高出 3 成。但网购是发展趋势，受网购的冲击，电视购物的盈利水平逐年下降。如果不采取盈利模式的创新，那么电视购物的生命周期就会提前进入尾声。

通过创新，我们可以有效延长项目的生命周期。假如我们在电视购物盈利模式上加以创新，我们不仅可以销售实物商品，而且可以大胆销售服务商品。例如，我们可以收购一些盈利良好并已占据市场的教育、养生、旅游类的服务公司，分取它们的盈利。此外，我们还可以考虑在有电视而无互联网的地方推广电视购物，也可以跨出国门建立海外电视购物，培育新的经济增长点。

1.9 文化地产

如果国家需要，媒体还要勇于承担以最优秀的内容供应者为依托，以最优质的全链服务筑巢引凤，以最科学的管理规范产业生态，以最先进的规划打造百年产业，最终建成一个发源于媒体所在地，影响世界的国家文化战略产业园。

文化地产是以文化软实力为核心竞争力的房地产开发模式，是用文化内容引领规划、建筑设计、园林景观、营销体系和物业服务来打造文化战略产业园的一个系统工程。文化地产是近几年发展迅速的产业，它依靠政府政策扶持，使文化企业用较小的投入，撬动较大资源，获得较大的产出。一般来说，有一定规模的文化地产项目，占地几百亩至几千亩。政府为了扶持文化企业发展文化产业，会给企业以土地和税收的优惠，同时也会对企业提出投资、就业和税收方面的发展要求，比如每年项目投入多少，项目产出逐年增加多少，增加多少就业和上缴税等。有实力开发文化产业的企业，通过政策拿到价格低廉的几千亩产业用地和

几百亩商业用地（也有称"321"模式，即：拿地三千亩，其中产业用地两千亩，商业用地一千亩），再用商业用地的收益，来滚动开发文化产业用地，建设影视拍摄基地和创意产业写字楼公寓楼等，筑巢引凤租给入园的其他文化创意企业，它们形成产业规模，政府每年获得文化企业上缴的税和一定数量的就业岗位。

文化产业园的建设环节：一是制定产业规划、建设规划；二是从政府手里拿到政策性用地，拿得越多得到的资本越大（因为政策性土地就是资本金），开发建设的空间也越大；三是获得土地的文化企业根据土地的价值，与拥有充裕资金实力的开发商组成战略合作伙伴，联合成立文化地产公司，建设文化产业所需要的建筑设施，同时文化企业和开发商的土地和资金形成互补，有利于文化产业的快速发展，也有利于开发商实现产业向文化的转型扩张；四是吸纳优质的节目公司、华为大数据、BAT等公司入园；五是为入园文化企业提供优质服务，鼓励企业把项目做大，协助地方政府完成就业和税收任务。

与广电关联的视频文创产业园，是以广电为依托、以现代科技为手段、以数字视频生产为主导的文化创意小镇。它与住宅小镇、旅游小镇有很大区别。住宅小镇是以建设住宅为主，辅之以绿化和基础性公共设施，政府收入主要是地产开发商、入住业主的一次性交税，此后再无收益；旅游小镇是以建设景观为主，辅之以表演舞台、特产、客栈、车站、饮食、卫生等公共设施，通过优质服务留住游客，政府收入主要通过门票及商户纳税，每年有几亿元税收就不错了；文化产业小镇，以建设最舒适的写字楼、最好的公寓、最美的环境为主，辅之以交通、金融、学校、医院、商业及综合服务等配套设施，以优质的服务环境留住大量文化创意人才，搭建产业孵化平台，创新体制机制，加速实现企业集聚、人才集聚、创意集聚、产业集聚，政府收入主要来源于文化企业的纳税，每年税收在几亿元到几百亿元之间。可见，对社会而言，文化产业小镇相比地产小镇、旅游小镇，其安置就业和税收贡献是最好的。

➢ 案例 5　芒果盒子

在上海浦江东岸创建"芒果盒子"，这是湖南广电在上海创办的文化地产，一个新的尝试。"芒果盒子"从 2012 年 9 月开始项目洽谈，到 2017 年 7 月建设完成双"正负零"，初战告捷，五年时间仅这块 30 亩土地升值就有几十亿元，效益可观。"芒果盒子"是集合文化、办公、商业一体化服务的综合体，我们希望它成为"代表世界最高水平的媒体文化产业标志；尖端科学技术在内容生产中应用的范本；饱含五千年中华文明与创新理念的集成；媒体文化产业'一带一路'融合发展的典范；可持续的低消耗高效益的万国媒体家园"。"芒果盒子"至少可以涵盖这样一些业务功能：

（1）现代媒体产业资讯中心：信息汇集、信息发布 T 台、产业链接、万国媒体代表处（百家新闻单位入租写字楼）；

（2）芒果对外交流合作中心：资源介绍、项目对接、频道租赁、合作洽谈；

（3）内容生产及技术研发中心：尖端技术应用（包括量子技术、石墨烯）、云处理智能系统、非编虚拟特技、舞美灯光、娱乐、综艺、电视剧创新；

（4）版权进出口及广告交易中心：世界版权资讯、双向合作版权资源、版权合作生产、版权交易、广告交易；

（5）媒体内容生产博览馆：为社会公众普及广播电视和新媒体知识、电子互动屏、奥斯卡观摩点评厅；

（6）芒果商店：纪念礼品、红酒、日常必需品、咖啡吧、快餐馆；

（7）其他商业：租赁、吃住行游等。

它的盈利模式主要是出售媒体全套业务服务（包含资讯、合作、全媒体研究、内容IP、广告、海外、资本、吃住行游）；盈利节点是"最优质的客户服务+最全面的媒体资讯+最优秀的内容产品"；金融载体是芒果HUB万国媒体消费卡。

➤ 案例6 视频文创

据公开报道，湖南省委提出打造"北有中关村、南有马栏山"产业发展新格局，建设以湖南广电为依托的马栏山视频文创产业园。广电行业办文化地产，是对现代文化产业的一个重要创新。文化地产包含"内容+互联网+科技+服务+金融"。2016年马栏山文化产业拥有200亿元产值（上交税务约30亿元），约占中国文化产业3万亿元产值的0.6%，如果保持这个比例十年，就是1680亿元（假设2026年全国文化产业产值为28万亿元，按0.6%计算），如果占比增加到10%，就是2.8万亿元，可见它的成长性拥有巨大想象空间，是一个"马栏山花盛开，文化梦想天下"的大胆创意。

湖南广电将以优质的内容供应者为依托，以优异的全链服务筑巢引凤，以科学的管理规范产业生态，以先进的方式打造百年产业，最终建成一个发源于湖南马栏山，影响世界的国家文化战略产业园。如果三年完成园区主体建设，中长期或许给政府以及湖南台带来丰厚的回报。

▶ 案例7 文化地产

地处杭州的长城影视传媒集团，在这个方面做了大胆尝试，促进了企业的快速发展。该集团系全国最大的影视文化传媒机构之一，拥有国家颁发的国内最高资质的电视剧制作甲种许可证。集团可以说是白手起家，1995年它发源于既无办公场地又无资金隶属于浙江省文联的浙江影视创作所。1998年为迎接国庆50周年，筹资500万元拍摄纪录片《共和国之最》，讲述中华人民共和国成立以来国家的100个第一，一炮打响，全国有500家电视台买了这部纪录片用于1999年国庆节期间播出。创办集团后，业务起步于2000年，在发展中遭遇体制问题，2007年改制为民营。2008年，公司借钱拍《红日》，获净利润2000万元，从此集团发展进入快车道。

2013年，长城集团拥有员工500人，计划拍摄电视剧10部约500集，预计当年电视剧销售收入6.8亿元。主要盈利模式以纪录片、电视剧营销为主，网游、动漫也已起步。其麾下拥有长城影视股份有限公司（借壳江苏宏宝上市）、长城影业（电影）集团、三个杂志社、一个动漫公司、一个网游公司、一个中国电影电视艺术学校，还拥有三个影视基地，分别是河北鹿泉长城影视动漫旅游创意园基地、浙江诸暨长城国

际影视网游动漫创意园基地、安徽滁州长城影视动漫旅游创意园基地。这三个基地，每个占地3000亩，集影视拍摄、旅游景观、商务地产于一体。其中1800亩土地（占土地总数60%）是0地价文化产业划拨地，有使用权；1200亩土地（占土地总数40%）是商务用地，内含500亩40年小产权房用地，地价25万元一亩，加价25万元一亩转手出去，1200亩可赚3亿元。值得一提的是，在安徽滁州基地，长城集团打算在里面修筑2条各5000米的大道，分别命名为中华千年大道和世界文化遗产大道，5000米象征5000年文明，依照年代修建建筑物，从古到今。基地里面还设计了容纳300家创意文企写字楼对外出租。

长城影视传媒集团主要经验有两条：一是有强烈的市场意识、直觉，在产业的发展上，强调"速度"第一，"完美"第二，这是长城集团快速发展的至圣宝典；二是长城集团拥有文化创意旅游地产等实体经济，没有虚拟经济尤其是资本投资在二级市场盈利的模式，它们借壳IPO，把新的经济增长点放在实体经济与虚拟经济的结合上。

1.10 投资融资

投资是指牺牲或放弃现在可用于消费的价值以获取未来更大价值的一种经济活动，资金在未来能增值或获得收益的所有活动都可叫投资。投资是放弃现在的享受，获得未来更大的收益，与它相对的概念是消费，消费是现在享受，放弃未来的收益。

融资是企业对资金的筹集行为与过程。企业筹集资金无非有三大目的：企业扩张、企业还债以及混合动机（扩张与还债混合在一起的动机）。融资可以分为直接融资和间接融资，直接融资是不经金融机构的媒介，由政府、企事业单位及个人直接以最后借款人的身份向最后贷款人进行的融资活动，其融通的资金直接用于生产、投资和消费。间接融资是通过金融机构的媒介，由最后借款人向最后贷款人进行的融资活动，如企业向银行、信托公司进行融资等。

对媒体而言，要么账上有闲置资金可以拿去投资项目获利，要么想做项目，手里缺钱要去筹集资金。投资与融资正好是使用资金的两个相对面。

有的时候，从媒体生存的角度出发，投资副业赚钱，然后反哺主业也是明智之举。例如，2013年浙江日报集团控股的浙报传媒，收购杭州边锋、上海浩方两家游戏公司，使报业融入新媒体获得了新的发展。

1.10.1　投资

当投资人打算拿冗余的钱去做投资时，首先会想到两件事，一是投资的项目能不能持续盈利；二是如何防控风险确保资金安全。为此，投资人一般要求被投资人稀释原始股，通过股份溢价变现来完成投资的退出，或者通过上市等锁定期一过，在二级市场抛出股份完成投资的获利退出。

项目能不能盈利，要经过市场检验，要看公司在市场中的业绩，而不能光凭口说，一个项目成功需要四个条件：市场有刚需，盈利可持

续,顶尖的团队,充裕的资本。防控风险的主要办法是对项目进行尽职调查,准确掌握项目资产的全部信息,确保项目失败时,项目拥有人具有归还投资本金和最低回报的能力。

资金拥有人在投资项目时有一个投资决策的工作流程,下面我们用某投资公司的决策案例来加以说明。

➤ 案例8 投资决策

投资公司在决定对某项目进行投入时,必须先经过一个科学有效的决策流程,确保公司投资成功率达到60%以上,而且风险可控。这个流程有六个环节:第一,投资的项目,必须符合国家政策导向,在五到十年的时间内都能得到政府的扶持,这个项目所属企业必须拥有领先的技术,而且项目收益具有高成长性,项目公司在国内同行业处于前三名;第二,在备选的投资项目中,由领导、专家、股东三个层次的评审会对多个备选项目加以筛选;第三,查看项目企业财务报表,聘请第三方会计事务所复查和评估项目所属公司的财务状况,尤其是债务纠纷的情况,要求企业法律关系清晰,没有上市阻碍;第四,跟踪该项目至少两年,观察它的生产、销售、管理是否正常,分析项目可持续盈利的能力;第五,对投资的项目做尽职调查,确保在项目失败时,被投资方有能力偿还投资本金和最低投资回报;第六,公司要有优秀的核心团队,重点考察董事会和管理团队主要负责人,如果董事长、总经理能力不理想,则一票否决对该项目企业的投资。

我们除了把资金直接拿去投资项目,也可以把现有资金做种子,然后组建投资基金（Investment Funds），这是一种利益共享、风险共担的集合投资制度，投资基金集中投资者的资金，由基金托管人委托职业经理人员管理，专门从事投资活动，典型的例子是私募基金。私募基金公司（私募，是一种通过批准实行非公开募集资金的方式）能在社会上筹集更多的资金，投资更多的项目，获取更多的收益。组建私募基金公司一般采取 GP/LP 的模式。GP（General Partner）和 LP（Limited Partner）是私募基金组织形式中两种合伙人形态，由发起人担任一般合伙人 GP，承担基金管理人的角色，除收取管理费外，依据有限合伙的合同，享受一定比例的利润；投资人为有限合伙人 LP，除缴纳管理费以外，按合同获取利润。在法律上，一般合伙人须承担无限法律责任，有限合伙人承担以投资额为限的法律责任。LP 会在经过一连串手续以后，把自己的钱交由 GP 去打理，而 GP 则会将 LP 的钱拿去投资项目，从中获取利润，双方再对这个利润进行分成。这就是现实生活中 LP 出钱，GP 出力的情况。一般 LP 的资金有一个锁定期（Lock-UpPeriod），为期一年至五年不等。GP 获利规则，普遍是遵循 2/20 收费结构（Two and Twenty Fee Structure），也就是 2% 的管理费（Management Fee）以及 20% 收益费（Outperformance Fee）。

➢ 案例 9　GP 获利

假设某基金公司 GP 自有资金 1 亿元，占总股本 20%，其余 80% 由 LP 出资 4 亿元，一同投资某项目。一年后被投资的项目除本金以外，盈利 10% 达到 5000 万元。那么 LP 需要上缴 2% 的管理费给基金公司

GP：管理费4亿元×2%+收益费按比分成5000万元×20%=1800万元。于是基金公司GP获益1800万元，而LP获益3200万元。需要说明的是，不管赚钱还是亏钱，LP每年都得支付2%的管理费给基金公司GP，直到项目投资过程结束，而收益费则是赚了钱才支付。

➢ 案例10　加注资本

某投资基金投资项目，5亿元资本两年浮盈达15亿元，总利润率=15÷5=3=300%，2年平均浮盈150%，2年化浮盈=$\sqrt{3}-1$=73%，在这样的水准上，我们建议增资20亿元（原先投入5亿元，两年实现本加利20亿元），优选投资项目，力争三年总回报180%，实现盈利72亿元（本加利112亿元），同时要有相应的激励机制（年化收益超过6%，即可从超收分成中提取一定比例用于团队激励，反之如果出现亏损，也要有相应比例的处罚）。

➢ 案例11　团队激励

假设由LP1出资2亿元，LP2出资8亿元，组成文化创意1号基金。又假设LP1持有管理者GP100%权益，按照每年提取2%的管理费，投资、退出各3年，延续1年，在投资累计获益100%的情况下，就有10亿元本金+10亿元利润，于是：

（1）LP1收回本金2亿元，LP2收回本金8亿元；

（2）按照惯例，从10亿元利润提取20%=2亿元给管理者GP，然后从这2亿元中提取30%=0.6亿元给管理团队用作激励，其中经理分3成，团队分7成。基金团队认为30%宜全部交给团队分配。30%提取门槛如果设定年化收益6%，则3年累计收益率=$(1+6\%)^3$=1.19=119%，平均年单利率=40%，因为LP1持有GP100%权益，这2亿元归属于LP1；

（3）余下8亿元利润LP1分得8×(2/10)=1.6亿元；

（4）基金采取"3+3+1"模式，3年投资每年提取管理费2%，3年退出和1年延续每年提取管理费1.5%，二项合计12%，10亿元原始资本×12%=1.2亿元。

所以LP1的总收益=1.6+2+1.2=4.8亿元。利润率=4.8÷2=2.4=240%，平均每年单利润率=80%，3年化利润率：$\sqrt[3]{2.4}-1 \approx 33.88\%$！

管理费按管理投资资金2%提取：一般以年初账上管理资金额计算。例如第二年初账上资金只有3亿元，管理费提取数=30000万元×2%=600万元。也有一直按投资总额的2%提取3年的做法。

退出管理费提取：按资金总额1.5%提取。

1.10.2 融资

当我们开发一些新建项目时，可能需要筹集一些资金，尤其是公司创办之初没有多少固定资产，办不了银行抵押贷款。于是，我们会找投资公司通过融资获得所需资金，相对而言，融资比银行贷款要来得容易一些，只不过我们要稀释一些股权给投资公司，投资公司通过帮助所投

项目盈利或上市,然后溢价卖出股份获利,完成项目投资退出。当然,投资公司在决定给我们投资时,也会有一个评估过程。首先,我们应该充当公司产品经理的角色,时刻从用户的角度出发来考虑问题,向投资人介绍我们产品的优点、市场刚需、独特创新、可持续盈利的能力等。其次,要向投资人说明我们公司、团队已经经受了市场的检验,公司业务获得了快速的发展,还要有项目的文字说明、可行性分析、财务报表以及目前公司的难点等。

有些投资人会直接提问需要资金的公司,你的产品市场刚需、痛点、频度等问题。比如,吃饭是每个人的刚性需求(刚需),但吃夜宵就不是每个人的刚需;一日三餐的频度当然高于一日一次的夜宵频度;喝酒的人吃夜宵离不开酒,酒就是痛点,不喝酒的人吃夜宵,酒就不是痛点。痛点还可以这样解释:项目公司需要资金投入,资金是痛点,银行需要寻找优质项目放贷,项目是痛点,项目公司和银行结合,需求互补于是消除了双方的痛点。

常见的投资公司有天使投资、私募基金、对冲基金、风险投资等,分述如下:

1. 天使投资 Angel(Angel Investment):天使投资的投资额度往往也不会很大,一般都是在 50 万~300 万元之内,换取的股份则是从 10%~30% 不等。大多数时候,这些企业都需要至少 5 年的时间才有可能上市。

2. 风险投资 VC(Venture Capital):风险投资的投资额度都会在 100 万~2000 万元之内,换取股份在 10%~20% 之间。此时企业发展到了一定阶段，有了相对较为成熟的产品，企业一般都会在 3~5 年内有较大希望上市。

3. 私募基金 PE（Private Equity）：私募基金经常投资的数额在 5000 万元至数亿元之间，换取股份大多数时候不会超过 20%。私募基金出场时，大多数时候企业已经形成了一个较大的规模，产业规范了。一般而言，这些被选择的公司，在未来 2~3 年内都会有极大的希望上市成功。

4. 投资银行 IB（Investment Banking）和券商：投行和券商的工作是帮助企业上市，从企业上市融资所获得的资金中收取手续费，常见的是 8%，一般被投行选定的企业，是可以在未来一年内进行上市的。

从上可见，不同投资公司的投资额度和职能是不同的，它对应于企业的不同发展阶段的资金需求。创业初期的企业会去找天使投资，而成熟和等待上市的企业就应该去找投资银行或券商。

1.11 商道

商道即经商之道，商道的核心是营利。在日常的商业行为中，商道是理论、方法和实践经验的结晶。用句俗话说，经商就是为了赚钱，赚钱要吹糠见米，赚的钱要比投入的钱多才行，否则就会亏本。

马云说过，做慈善也要用商道，否则不能持续。那么，内容产业和其他服务产业都必须坚持效益优先，以收定支，否则，就会出现财务赤字。在内容生产上是激进投资还是保守节支？关键要看创新的实效，如果激进没见现象级节目产品和相应的收入增长,没见品牌影响力提升,那么激进就没有意义。

1.11.1 内容产业的商业模式

在商业中,要建立商业盈利模式。相对于直销或是电子商务而言,内容产业的商业模式比较简单,我们花钱生产节目版权产品,这个产品的版权交易收入或者播出时的广告收入要能够收回成本。所谓版权的授权交易,是允许买方一年播放几次,或者允许买方在哪些渠道播放几次,或者允许买方在任何台、网的任何时间播放任何次数等,总之买卖相对比较简单。而广告交易,是指在节目播出时的广告时间中,依据时段不同、广告播放次数不同而收取的广告费用。

在内容交易的商道上,我们有四个方向可以努力:一是大力发展节目版权授权交易;二是创新扩展内容分发平台的广告收益;三是开辟海外市场;四是整合多种商业资源实现全媒体的高速发展。

实践证明这个公式(顶尖团队+巨大市场+播出平台+资本+明星=巨大效益)是有效的。顶尖团队的价值就在于它具有一流的节目创新能力和生产力。

与上面所述相对应的案例有:

> 案例 12 创新制作

长城影视传媒集团创始人赵锐勇先生,收集新中国成立以来的有关"第一"的资料,摄制成纪录片《新中国一百个第一》,内容包括第一列火车、第一颗原子弹等，成为当时媒体争相抢购的电视节目，为公司早期发展掘到第一桶金。

➢ 案例 13　节目出口

上海 SMG 把二次版权销售出口到了包括新加坡在内的许多国家。它们通过收集、整理上海的历史资料和已播节目，通过二次开发制成《上海百年音像史志》《上海故事》和《东方日志》等海量的历史纪实、新闻专题、财经研究、综艺节目，供广播电视和互联网使用，产生巨大的社会效益和经济效益，节目版权交易年收入在 20 亿元以上。

➢ 案例 14　非官方制造

马栏山"非官方制造"的民企生产的网综节目《火星情报局》，它生产两季 20 期节目，卖了 4 亿元，成本约 4000 万元，毛利 3.6 亿元，这在时间上和经济上都算是高效益了。这个案例中，项目操盘者整合了汪涵这样有影响的主持人、优酷这样有购买力的播出平台，还有曾经在湖南卫视工作过的制作团队及投资人等，资源优势互补，实现了投入产出比达到 4 亿元÷4000 万元＝10 倍的高效益。

➢ 案例 15　联合出效

浏阳市广播电视台，2016 年收入 1.368 亿元，比上年增长 12.3%，全省县级台收入排名第一。其收入增长原因之一是组建跨省 33 个县台联播平台,实现"新闻全互通、栏目全互换、活动全互动、经营全互播",由此创新获得增收1000万元。

1.11.2 其他商业模式

文化地产的商业模式,是以政府出政策和廉价的土地资源,为文化企业发展注入土地资本,为其规模化发展创造条件,可见,是政府的扶持催生文化产业的迅速发展。早些年,主导文化产业的龙头公司只要拿出几千万元就能启动文化产业园区建设。

▶ 案例16 套装模式

某家文化企业,获得3000亩的文化产业用地,其中产业用地2500亩(产业用地价格20万元1亩),商务用地500亩(政府出让每亩地价100万元,实际地价每亩700万元,每亩溢价600万元)价值30亿元,该企业可以以这价值30亿元的土地溢价做资本,与另一家有实力的开发商合作成立新的文化产业公司,开发商出现金和文化企业共同开发这3000亩文化产业。或者文化企业也可以把地卖了换回30亿元资金,再用这30亿元开发剩下的2000亩产业用地。

当然,我们也可以设计出N个盈利环节的商业模式,构建完整的产业链,创造良好的产销业绩。还可以借用他山之石,举一反三打开自己的商业创新空间。

第一章 媒体产业组合

> **案例 17 效益优先**

在投资项目时，要以效益优先的观点来选择项目。甲公司投资 1.7 亿元打造 200 亩"三国"旅游景区，日均销售门票 700 张，加上餐饮日均收入 5 万元，其中利润 2.5 万元，一年因气候因素只能营业 8 个月，年利润 600 万元，30 年才能收回投资成本，投入产出比为 1。乙公司投资书院路"有间虾铺"180 平方米店铺，投资 80 余万元，只卖晚餐和夜宵，日均营业额 4.5 万元，毛利 2 万元，年利润 300 万元，两个月收回投资成本，投入产出比 12。从项目投资上看，两者一年都只营业 7 个月，显然，乙公司效益比甲好。他们非常重视菜肴制作过程的标准化，火候、烹饪时间长度、调料配伍等都进行标准化，由于采用标准化，菜肴成品质量稳定，对厨师的要求也降低了，克服了厨师流动给店面生产带来的影响。有趣的是，"有间虾铺"夏天空调制冷能力不强，于是食客吃完虾就得走，要不热得难受，于是每个桌台一晚可接待 5 批客人。

> **案例 18 速度优先**

在投资项目时，除了要考虑效益，还要考虑速度，采取收购方式，不仅速度快而且还会有更多附加收益。叶简明的华信能源收购华航石油，从华航石油获得"项目+渠道+人才"，使企业发展走上快车道。

> **案例 19 "一带一路"**

泰富重装公司走出国门，在海外开展"一带一路"建设，张勇董

事长获得习主席两次接见,接着省委副书记、国家发改委副主任等亲临工厂给予关怀和政策扶持,使泰富重装的发展走上快车道,去年他们收入300亿元,预计四年以后集团收入将达到1000亿元。

> 案例20 小中有大

罗氏臭豆腐,年收入1000万元。15平方米店铺年收入400万元,由于每年向百度缴纳180万元广告推广费(该笔广告推广费每年为罗氏臭豆腐带来600位学员,培训收费180万元,于是两者相抵),加盟每店收费2万元,约300学员加盟开店,收费600万元,它为加盟店提供臭豆腐原材料和收入。小生意也有商业技巧:店家有意识控制油锅的温度,放缓臭豆腐的出品速度,食客在马路上排队购买臭豆腐形成广告效应,于是食客越来越多。

> 案例21 各有高招

某民营公司成立仅半年,获得收益6000万元。这是一个成功的六合一养老项目。它的商业模式是:(1)在示范店为老人做15元的保健按摩;(2)说服客户办会员优惠卡;(3)开展养生旅游(广西巴马、海南三亚南山);(4)养生农庄常年开放休疗;(5)推销养生产品(油、米、茶、巴马水);(6)推广加盟连锁店。

> 案例22 芒果产业

1994年前后湖南广播电视厅党组提出"大广播、大电视、大宣传、大产业"的工作目标,如今都已实现。但在芒果千亿梦上,尚有差距,如果不依赖上市公司市值,只算"平台+产业",除了融合发展的新增量,剩下的出路就是大力发展多种产业。发展产业关键在于明确产业发展目标、选择产业方向和走对产业发展道路。

(一) 湖南台产业发展目标初探

任何一个扩张的企业,都会优先投入盈利项目,严控重资产盈利弱的项目。同时,提倡产业精耕细作,规范上缴产业利润。产业近期目标拟是:"百亿产业决战三年,投资项目效益优先",我们要以产业收入增量弥补其他收入减量。努力发展产业,增强媒体实力,是对芒果台品牌价值的进一步提升。

(二) 产业发展路径及可选项目

1. 品牌效应在黄浦江初见端倪

上海浦江东岸的芒果盒子从2012年9月项目洽谈,到现在建设完成双"正负零",领导和芒果公司团队克服了重重困难,初战告捷。现在仅这30亩地升值就有几十亿元,投资回报丰厚。

2. 积极参与南有马栏山的开发

这是湖南文化产业的重点工程,是"省市引领、广电先导"的现代产业。它包含"内容+互联网+大数据智能+服务+金融"。2016年马栏山芒果文化产值,已达到中国文化产业2016年产值的0.6%,保持这个比例十年,就是1680亿元(2026年全国文化产业产值大致在28万亿元左右,取0.6%得此),如果占比增加到10%,就是2.8万亿元,

这说明它的成长空间巨大。从项目建设来看，如果建设产业小镇，住宅、写字楼要舒适，且有学校、医院配套，才能留住创意人才；如果建设旅游小镇，则要有景观、舞台、客栈、车站等公共设施，通过优质服务留住游客。假如我们申报2000亩地，以原始投入和土地溢价作为开发资本，就能把这件大事做起来。总之，这是"马栏山花盛开，文化梦想天下"的好事情。

这个宏伟的目标召唤，我们能不能较为轻松地实现这个新的奋斗目标，关键在于我们前期能量的储备，在于"广告+产业"要用多长时间闯过全媒体经营收入300亿元大关。

3. 广告以销为本胜在经营创新

广告经营事关全局，事关全台生存与发展，事关全省文化战略。因此，广告不能单打独斗，而是应该通过"聚合全台资源办广告"，所以组建"全台广告经营资源协调小组"十分必要。

台党委提出台网互动是推动全台融合发展、顺应市场变化的重要措施，它将为打通传统媒体和新媒体的营销融合创造条件，将使广告销售产生本质的变化，这种变化的结果应该是全媒体效益总量的急剧增加，同时，湖南卫视、芒果TV品牌影响力得到巨大提升。可以说，台网联动不是一个简单的互补，它是融合的深化，它承载着几代广电人实现千亿元芒果梦的使命。当然，从另一方面看，传统媒体广告市场份额下滑，新媒体广告市场份额上升，为我台融合发展、台网互动和营销融合创造了机会。融合发展不是"广电+新媒体"，而是"我就是你，你就是我"。早在 2014 年英国 BBC 考虑到融合,于是取消了电视频道,而改用以内容建"部",运用大数据智慧分析,通过所有渠道分发内容的机制。在广告业务上,我们还有一些思考:

(1)广告销售业绩为本。广告成在行动突破,要组织突击队以关键大客户为突破口,拿到新的大客户订单。同时也要降低门槛,给中、小微企业做拼盘广告,聚沙成塔。

(2)广告胜在不断创新。创新广告资源配置、客户补偿、分区管理、内部激励,以平台之力破除既得利益的惯性。要用互联网思维、大数据智慧分析,为客户提供精准服务。要充分挖掘广告资源潜力,在黄金时段的非饱和态、非黄金时段,在公益广告、新闻栏目、软广植入以及全媒体广告通联等方面都要精心安排。

(3)减少广告合同流单。一些广告合同,因为频道不断改变节目播放时段而流单,企业撤回广告投放资金,进而造成广告业务损失。因此,我们应该尽量稳定节目编排,在管理上将卫视频道的收视奖励与广告收入挂钩,收视奖励计算参数为"社会效益+经济效益+收视率"。

4. 精心呵护卫视节目生产优势

媒体行业"内容为王",这个法则今后仍然有效。湖南卫视的内容创新优势和平台优势,是未来造就马栏山千亿元文化产业的温床。为此,我们要严防节目生产空心化。

在节目生产方面,我们认为下面的工作是有意义的:

推进电视剧电影的版权生产,获得较为可观的收益。

深度挖掘湖南卫视版权价值，力争版权收入大幅增长。卫视的核心资源是节目团队，卫视的价值体现在品牌影响力和变现能力。我们可以委托芒果TV、节目营销中心、天娱、金蜂公司等开展版权分销，分地域、分时段，即使是网络版权优先芒果TV，在滞后时间仍应向其他网站推送，以维护卫视品牌的影响。

开发衍生品和特许经营授权，力求当年回报上亿元。例如节目时长10分钟的《中华文明之美》，省管企业希望与我们合作，制作教材发往全省中小学，一年利润至少2000万元，全国发行年收入可达几亿元。与此类似开发衍生品，年度收入数亿元不是问题。

5. 继续给予芒果TV优惠政策

运用人工智能做大数据分析，精准投放网络节目、广告、移动游戏、版权和衍生品，加速发展会员制、消费及第三方平台、增值业务、其他盈利服务等。同时，压缩人员编制，降低消耗，创新盈利模式，在2017年实现盈利。

芒果TV重组，首先是政治任务。湖南台是党的媒体，必须贯彻中央和省委的指示，维护舆论安全，承担在融合发展上先行一步探路的重要使命。在重组时可以考虑，把有条件的地面频道通过总台平台投资参股，使"融合"成为各频道的自觉行动。

另外，台里动用一些资源来支持芒果TV，主观上希望芒果TV获得更好的发展、更大的可持续的效益。但是，决策和操作失误，也可能遭遇失败，结果事与愿违。为此，我们要充分估计困难，并制订风险防控措施，主要是增收节支和有限授权。（1）调整全台预算，以收定支；（2）缩减非生产性投资；（3）加强预算执行审核，厉行节约，堵漏防腐；（4）坚持卫视版权的有限授权，并且不是唯一授权，总台负责确权、授权、分销、维权，总台有责任及时将卫视版权资源转化为财富，弥补广告收入的不足；（5）探讨将卫视版权拆分成电视、网络、海外、衍生品、特许经营五类，其价值比约为1∶1∶0.1∶1∶2，总台仅授予芒果TV网络版权，每次授权年限1年。

6. 深入研发"快乐购"新盈利模式

解放观念，引进"服务也是商品"的挣钱模式（除了保险业，还可考虑收购一些效益很好的商务、教育及养生企业）。"快乐购"能否进农村？挺进有电视无互联网的地方。力争三年盈利大幅攀升。

7. 加大投注"芒果投资"资本

增资和优选投资项目，力争三年总回报180%以上。

8. 扶持芒果互娱加速成长放量

2014年4月注册的芒果互娱，运作新颖，建议发展提速。

9. 大胆开辟东南亚的海外市场

与"一带一路"的先行企业合作，与当地合办媒体、办"快乐购"。联合东南亚办华语频道（我台在马来西亚、泰国都有部长级的朋友），使中华文化深入世界人民心中，让世界理解和接纳中国的崛起。

10. 运用媒体平台推广优质服务

开办多种经营服务，通过收购、连锁加盟，力争三年实现规模化。

11. 地面频道增设多种盈利项目

大力开展项目调研，把盈利良好而又适合地面频道开展的项目介绍给地面频道，帮助他们从单一广告创收的困境中解放出来。

以上除第1、第2、第3项以外，其余产业利润合计上百亿元（见图1-1）。届时湖南台总收入将超过300亿元大关（重组市值除外），当然这些只是设想，把设想变为现实，需要我们付出艰苦的劳动。我们坚信，通过三年努力可以实现这个目标。届时产业进入良性状态，全台将迎来更加辉煌的时期！

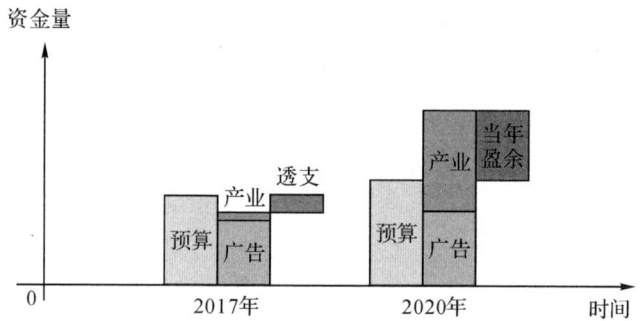

图1-1　广告+产业，预算，收益的示意图（不代表实际情况）

产业参考案例：未雨绸缪、效益优先、文广产业、文广版权、"一带一路"、老牌影视、小中有大、各有高招、联合出效。

第二章　内容产业

本章我们主要介绍媒体内容产业。随着时代的进步和科技的发展，新媒体的话语权、影响力和经济实力正在逐步超越传统的广播电视台，尤其是在与受众的互动上，传统广播电视台只能单向播出节目，而新媒体除了可以让受众选择播放节目，还可以与受众实现互动，开展各种商业交易。由此而来，广播电视台如果不改变，不融合新媒体，路子只会越走越窄。因此，融合发展是形势所迫，是顺应时代进步。

2.1　内容产业

1996年欧盟"Info2000计划"中把内容产业的主体定义为"那些制造、开发、包装和销售信息产品及其服务的产业"。其产业的范围包括各种媒介上所传播的印刷品内容（报纸、书籍、杂志等）、音像电子出版物内容（联机数据库、音像制品服务、电子游戏等）、音像传播内容（电视、录像、广播和影院）、用作消费的各种数字化软件等，主导的内容产业，是视听传媒业。我们这里讲的内容产业，是指规模化生产并且能够产生巨大社会效益和经济效益的媒体节目产业，包括电影、电视剧、综艺、衍生品等,尽管它们在节目定位上有区别,但在导向、创新和制作上确实有许多共性,这是我们要讨论的。至于脚本和解说词的创作,大家可以阅读有关书籍,也可以收录一些作品加以解析研究,再创作拥有自主版权的原创作品。

在全媒体思维下,尽管我们在内容的投放上将通过大数据智能化处理来实现按需供给,但就内容生产而言,生产流程和过去相比变化不大。内容生产流程主要包括节目策划、剧本创作、素材收集、存储、整理、研究、使用、制作、播出、广告、用户、互动、二次版权和衍生品开发、节目交易,这是一个完整的全媒体内容产业链,其中关键是保存、开发、变现。就媒体而言,对节目最为有效的使用是对其版权和衍生品的规模开发、特许经营、节目播出时段的广告营销等,使内容版权资源转变为财富,财富再回馈内容产业的发展,形成一个良性循环过程。

举例,英国广播电视台BBC的产权隶属国家,它的管理由社会各界人士组成的管委会负责,日常经费来源主要为收视费。为了适应互联网带来的新变化,它在BBC品牌的旗下,开发出十个节目内容产品,包括新闻、体育、天气、儿童节目、青少年节目、学习、网络电视播放器、线上数字广播、BBC首页、搜索等,然后在互联网、移动端(手机、平板电脑)、电视这四个平台播出。在体制上它取消了频道,取而代之的是内容和用户导向的部门制,例如,BBC的信息内容部整合了新闻部、广播电台;娱乐内容部整合了广播2套、电视娱乐节目部。

内容的产业化生产,又称节目的规模生产,是一件具有社会效益和经济效益的事情，其社会效益主要体现在满足人民群众对节目的需求上，它对大众起着教育和娱乐的作用。为了对节目进行规模化生产开发，首先要把拍摄的节目素材做数字化处理，把它们上载到计算机媒体内容资产管理服务器（以下简称为"媒资"）中去，同时要对它进行编目和版权确认；其次要按剧本要求，对素材加以编辑，这也是对素材进行排列组合和创新，使它们变成节目成品；最后进行版权交易获取收益或者通过媒体平台播放获取广告收入，这就是内容产业的全过程。

节目产业，是指能够产生规模化经济效益的节目生产和销售。在一线省级电视台，仅自产节目的年产值就可以达到几十亿元。通常能够产生规模化经济效益的节目主要是综艺节目和影视剧等，或者对使用过的海量节目（包括音像档案）进行二次版权开发。类似于一般工厂的"产、供、销"，节目的产业化开发对应有原创制作、二次版权开发、数字节目资源供给、节目广告营销和节目版权交易等，同时，在规模化产业开发的情况下，存在"人、财、物"的管理，其中的"物"指节目版权，这是因为内容的"物质属性"体现在它的知识产权或版权上。通常，在发达地区，媒体节目生产的原始版权、二次开发版权的授权交易的收入，可占到媒体总收入的半壁江山。可见节目版权开发价值巨大，2016 年上海文广集团版权交易年收入超过 30 亿元，占到集团广告总收入的 46% 以上。

2.1.1 节目导向

当我们规模化、产业化生产节目时，会遇到一些重要问题，比如节

目导向等，这些问题事关原则，事关发展。正确处理好这些问题，生产的节目才会取得好的社会效益。

导向是指舆论宣传所引导的方向。导向联通天地，是文化产业第一位的事情。在节目的产业开发中，我们必须坚定执行党对导向的要求，服务国家人民，把握时代脉搏，引领社会风尚，用积极的正能量，筑就伟大复兴，这就是"天"。由此，我们的产业开发导向，必须服从国家经济发展大局，正确应对国际复杂环境，确保社会稳定。

习近平总书记在党的新闻舆论工作座谈会重要讲话中，提出"高举旗帜、引领导向，围绕中心、服务大局，团结人民、鼓舞士气，成风化人、凝心聚力，澄清谬误、明辨是非，联接中外、沟通世界"，概括了党的新闻舆论工作的职责和使命，强调要承担起这个职责和使命，必须把政治方向摆在第一位，牢牢坚持党性原则，牢牢坚持马克思主义新闻观，牢牢坚持正确舆论导向，牢牢坚持正面宣传为主。这些十分重要的论述，构成新的时代条件下党的新闻舆论工作的"职责使命论"，为新闻舆论工作指明了努力方向、提供了根本遵循。习近平总书记还曾经指出，所有宣传思想部门和单位，所有宣传思想战线上的党员、干部都要旗帜鲜明坚持党性原则。坚持人民性，就是要把实现好、维护好、发展好最广大人民根本利益作为出发点和落脚点，坚持以民为本、以人为本。我们正在进行具有许多新的历史特点的伟大斗争，面临的挑战和困难前所未有，必须坚持巩固壮大主流思想舆论，弘扬主旋律，传播正能量，激发全社会团结奋进的强大力量。习近平总书记还告诫我们："光荣传统不能丢，丢了就丢了魂；红色基因不能变，变了就变了质。"因此，我们要继承和发扬革命传统。

"地"是千家万户的遥控器、鼠标以及他们手中的移动手机，是民众对我们产品评价的工具和标志。一方面我们的节目要积极、正能量、团结、鼓劲，引领社会新风尚；另一方面我们节目来源于生活，又要高于生活，但绝不能脱离群众造成曲高和寡。

所以，我们的节目如果能联"天"接"地"，就一定能获得党和人民的认可，获得良好的社会和经济效益。因此，我们要把正确的导向始终贯穿于节目开发的全过程。

在坚持正确导向和社会效益第一的前提下，媒体"内容为王"这个游戏规则，在今后百年仍然有效。例如，对湖南台而言，湖南卫视的内容创新优势和平台优势，是未来建设马栏山千亿文化产业的温床。

在把握正确导向的同时，我们还要对国际形势和自身发展所面临的困难有清醒的认识。

1. 国际经济与环境：（1）人民币的国际化，人民币国际化的根本意义，就是让人民币像美元一样成为世界流通的货币，只有这样，中国才是真正意义上的经济大国。有人说，当前中国的广义货币 M2 流通量为 23 万亿美元，美国 M2 流通量为 21 万亿美元，但在购买国际资源上，美国可支配 21 万亿美元，而中国只能支配 3 万亿美元的外汇储备，可见在经济上我们还不够大。如果我们同世界所有国家都签署了双边货币自由兑换协议，那么，人民币就当之无愧地成为流通世界的货币。可是，正当我们与世界第三经济体日本、第十一经济体韩国谈判双边货币自由兑换协议时，某国通过鼓动钓鱼岛问题以及激怒朝鲜释放导弹从而

威逼韩国安装萨德问题，影响了我们与这两国间的商谈。（2）个别国家唆使周边国家和中国发生冲突摩擦，以此来遏制中国的经济。某国还想在南海生事，促使我们要做好军事斗争的准备。

2. 国内经济形势：（1）"一带一路"国家层面的高端产业组合已形成，国家可以携带高铁、核电、互联网（华为、中兴通信网，腾讯社交网、阿里电商网、北斗通信网、360安全网等）、金融（银行、基金、国际联保等）、军工等，走出国门开展合作；（2）在民营经济方面，许多民企大举进军文化产业，包括娱乐、旅游、教育、养生等，给我们从事文化产业的一些启示；（3）在文化产业中，新媒体的成本居高不下，例如视频设备升级换代费用、电信频带使用费用和明星高额酬金，这三大支出已成为新媒体的沉重负担，它严重挤压了新媒体的盈利空间，制约了媒体发展速度（有数据显示：一线明星做节目的开销可以占到一线省级台年度总收入的40%左右，而全台职员的薪酬只占年度总收入的15%，一个明星平均年收入是媒体一个职员平均年收入的200倍）。

由上可见，媒体建设和发展需要克服很多困难。为了建设好的舆论环境，我们要坚持党的领导，团结奋进，缩小贫富差距，改善环境，坚持反腐。这些都是我们坚持正确导向时要考虑的因素。

2.1.2 节目创新

一般认为，创新是以新思维、新发明和新描述为特征的一种概念化的过程，是创新思维蓝图的外化、物化。创新涉及三层含义：第一，更新；第二，创造新的东西；第三，改变。

我们这里讲节目创新，是指节目生产和版权开发创新。在节目生产和版权开发中，不同类型的节目内容，其艺术创作的要求不同：综艺，要求引领时尚，寓教于乐；电视剧，要以对党负责、对历史负责、对人民负责的态度，创作传世精品；节日晚会，要求是弘扬主旋律，彰显社会责任；社会专题，要求传承和弘扬传统文化的精华；纪录片，要求真实见证时代风华。但是，不管什么类型的节目，它的社会责任是一样的，那就是必须坚持正确导向，肩负起对党、对国家、对人民、对社会的责任。

媒体内容生产的创新优势，是媒体的核心优势。无论是现在还是将来，创新都是媒体产业发展战略的根基之一，是媒体的制胜法宝。有人说，流行传播时尚，时尚引领流行。其实，流行源于时尚，时尚源于创新，创新源于合理的改变。我们要用智慧和耐力，去不断地追求合理的改变。因此，我们的内容创新，要讲导向、讲坚守、讲精益求精，要从目标观众、核心受众的习惯入手，关注95后、00后，兼顾全社会。

生产芯片，电子技术创新被封装在芯片中，你看不见。与芯片技术创新不同，广播电视的内容创新，是看得见的东西，录一个我们感兴趣的节目，它里面有几个段落，每段有几个场景，几个镜头，采用了哪些桥段（"桥段"译自英语中的"Bridge Plot"，Bridge本意是"桥"，引申义指"起桥梁作用的东西"和"过渡"；Plot则有"情节"和"策划"等义项。这两个单词合起来，表示被借用的电影经典情节或表现手法），一清二楚；每个片段是怎么连接的，一看就明白。好节目一定是有好的创新，有专家认为：创新主要需要两条，一是大胆探索，二是专

注坚守。所谓大胆探索，就是要把生活中出现的新东西、新事物、好玩的情景等，搬到节目中去，哪怕尝试一百次成功一次也行；所谓专注坚守，是认准了的好创意，要坚定执着地做下去，这是成功的关键。一个创新项目，要有试错的空间，有培养受众的时间。其实，这和写出一篇好文章有异曲同工之妙，好文章源于冥思苦想的创意，成于不停地修改，这个过程是辛苦煎熬的过程。有人说创新是"过程让人痛苦，结果让人骄傲的一件事"，我认同这一观点。

偶然的创新，总是不能持续和强大，真正强大的创新，是长期执着的有序创新。建立节目内容生产创新的长效机制，就是一个不错的选项，例如建立制片人AB制，A工作，B学习和研究创新；反之，B生产，A学习和研究创新。

2.1.3 节目制作

广播电视台或者互联网新媒体播出的节目，大体上可以分为新闻节目、财经节目（相关资讯及评述）、体育节目（赛事转播及体育消息报道）、文化娱乐节目（包括影视剧，综艺节目，娱乐资讯等）、生活服务节目（包括生活见闻，生活百科知识以及百姓平日关心的一些内容）、谈话节目、军事节目、教育节目、科技节目、少儿节目、老年节目、广告节目等。不同类型的节目，里面的内容不同，创作上也会有区别，但是节目制作基本元素是相通的，如节目制作的前期、后期、组织工作等。比较有市场价值或者经济价值的节目，是综艺节目、电视剧和电影，一档综艺节目或者影视剧可以卖到几亿元甚至几十亿元，这在其他类型的节目中是不可能的事情。

因此，产业化生产节目主要指综艺节目、电视剧和电影，它们属于视频文创的范畴。在这类节目的规模化、产业化开发中，会由许多节目生产团队来完成大量原创节目的生产，或者由媒体资产管理服务器提供几万小时至几百万小时的海量节目资料，通过二次版权开发编辑形成大量新节目。下面，我们以综艺节目生产为例，介绍它的生产流程和组织结构。

一、原创节目的制作

（一）制作原创节目，一般分创意构思、前期拍摄与后期制作三个阶段

1. 创意构思阶段

在节目创作初期，要认真做好相关准备工作。比如节目模式创新是不是能有很大突破，艺术创意能否达到全新高度，导向上符合党、国家和人民的要求，正面、积极、团结、鼓劲，同时创作方案和邀请艺员嘉宾需报领导批准，少走弯路。具体工作如下：

（1）节目构思、确立主题、受众定位、搜集资料，草拟剧本或创作提纲、初步计划、制作说明、编制节目制作工作日程表；主创人员研讨写出剧本（含解说词）、分镜头方案；有关人员讨论并确认拍摄计划，有关人员进一步细化自己的工作计划，签订各种合同、建造场景、道具、图版，收集影音资料；拍摄计划筹备，节目构思细节越完善，困难和条件考虑越周全，节目制作就会更加顺利。

（2）确定导演、艺员、主持人、摄像、录音、音响、灯光等人员。

（3）提出舞美、化妆、服装等艺术方面的要求，确定前期制作所需设备和档次，确定拍摄场地和后勤保障等。

➤ 案例 23 解说词例

我是歌手解说词片段（根据电视播放时的记录）：

a. 第二轮开场。汪涵："洗护合一新升级，立白天然皂液"，欢迎回到《我是歌手》第三季歌王之战竞演现场，战火仍在升级，精彩正在继续。根据500名听审团成员对七位歌手第一轮帮帮唱表演的投票，排名前六位的歌手将继续用歌声进行第二轮征战，他们是……和 ta，感谢你在《我是歌手》第三季的精彩演出，有乐评人说过，你没有辜负这个舞台给你的每一次掌声。让我们用掌声给 ta 真挚的谢意。随着掌声，"歌王之战"的第二轮竞演也拉开帷幕。

b. 汪涵：进入第二轮的六位歌手将采用上轮首尾两两反向比较的方式，选出三位歌王候选人。所谓首尾两两反向比较，即在第一轮中出场的第3、4位歌手，第2、5位歌手，第1、6位歌手组成一对，每一对在上一轮后出场的歌手本轮先出场，上一轮先出场的歌手本轮后出场。新赛制真是让主持人也说的直绕嘴啊，可见难度之高。现在规则介绍完毕，让我们把镜头传给场外的维嘉。（尾句）

c. 汪涵：（第4位歌手的演唱前串词）+（备的垫话：接下来出场的是上一轮的第4位出场歌手，在上一轮 ta 的演唱特别动人，由 ta 做第二轮的开场歌手，对后面的歌手来说压力真是杠杠的。）

d. 汪涵：（第4位歌手总结性串词）看过了上场第4位歌手的演

唱,让我们一起回顾一下 ta 本轮的对手,即上一轮第 3 位出场歌手在本季《我是歌手》中的精彩表现。

汪涵:(第 3 位歌手的演唱前串词)+(备的垫话:上一轮第 3 位出场的歌手,本轮与 ta 对决,其实压力非常大,但看起来 ta 依然成竹在胸,让我们为 ta 鼓掌。)

e. 汪涵:(第 3 位歌手的演唱后串词)

汪涵:第二轮第一次投票开始,请大家拿起手中的投票器,根据这一对两位歌手的表现,在××和××中选择更能打动您的一位,少选多选均为无效票。请谨慎对待手中的选票。现在投票开始。

汪涵:投票准备开始,倒数十秒,准备开始。10,9,8,7,6,5,4,3,2,1……好紧张啊,每一票都让本场歌王的人选不可预测。至于投票结果,我们广告之后见分晓。

f. 汪涵:今晚注定是个不眠之夜。接下来的对决非常残酷,我也不想看到,来自上一轮出场的第 2 位和第 5 位歌手,本轮先出场的是××,后出场的是××。

汪涵:(第 5 位歌手的演唱前串词)+(备的垫话:刚才 ta 和 ta 的音乐对决让今晚歌王的归属更加扑朔迷离,这一对将会献上怎样的表现呢?)

g. 汪涵:(第 5 位歌手的演唱后串词)

汪涵:接下来将由上一场第 2 位出场歌手××带来他的动人歌声,在 ta 演唱前,我们一起回顾 ta 在这个节目里前行的风景。

汪涵:(第 2 位歌手的演唱前串词)+(备的垫话:作为本场倒数

第三个的演出，ta 将会献上怎样的精彩？都说歌手在这里的过程像登山，让我们一同期待 ta 在通往山顶的最后一首歌。)

2. 前期拍摄阶段

不同类型节目有不同的制作流程，我们以室内拍摄节目为例，来说明大体的工作情况：

（1）在分镜头剧本中，注明镜头序列、景别、角度、技巧、摄像机编号、切换按钮编号，标明对白提示器、移动车、升降臂、租赁设备、布景、道具和服装的安排等。

（2）做好场地、技术、排演工作，拍摄场地准备，演播室准备，舞美置景，服装配齐，灯光实验，通信联络，录像磁带或存储卡准备；技术设备准备，摄像机检查、各种设备准备、灯光调整、化妆、服装、布景、道具、特技的运用；演员排演剧本，练习走位、表情、动作、交流，导演阐述，灯光、舞美的最后确定，音响、音乐处理，转播资料的确定，在完成以上各项以后进行走场，带机预排演，开始表演、导演处理、协调运用等。

（3）拍摄实录工作，正式录制或试录、片段镜头场记、时间标准、备份镜头的拍摄等。

3. 后期制作阶段

（1）检查拍摄素材，然后上载到媒资或者非编中，按照节目创作要求，开始对素材进行编辑，选择编辑方式，分别搜索素材镜头的入点、出点，按顺序连接成完整的节目画面，开始初审，修改画面结构、段落、层次、错误等。

（2）进行混录，录解说词、音乐，进行合成，并进行音调、音量、混响的处理，然后添加特技、字幕，节目初步制成。

（3）审片人提出意见后，再次对节目进行修改，制成节目成品，存档，复制播出带，拷贝发行带。当然，现在播出、发行也可以用存储卡直接拷贝视音频文件。

（二）制作原创节目需要设立许多工作小组来协同工作

例如，制作大型综艺节目（艺员几十人，工作人员在100人以上），可以设立十几个工作小组，分工协作完成节目生产的各项任务（一些小型节目，工作人员也许只有几个人，就无须设立这些小组）。例如导演组、编剧组、嘉宾组、观众组、艺人组、舞美组、音乐组、服装组、前期组、后期组、后勤组等，下面把它们的工作简单介绍如下：

导演组：负责节目制作的领导和组织，要用演员和故事来表达作品的思想，负责把影视文学剧本搬上荧屏。

编剧组：负责编写节目剧本、创作故事、台词和戏，剧本要做到突出故事，塑造人物，弘扬社会主流价值，引领节目艺术创新。好的编剧善于编故事，把"梗"用到极致，用桥段和剧情不断地抓住受众。在一些综艺节目中，有时会针对每位艺人配置一位编剧，这类编剧的任务是陪伴艺人，收集艺人活动花絮，显然，他们与负责全剧剧本的编剧不是一回事。

嘉宾组：根据节目创作的需要来挑选嘉宾，有时还会制定挑选标准，诸如实力、知名度、风格、个性、成长性、国际化等。

观众组：由节目助理从上万名报名者中挑选出一定数量且有一定专业水准的观众到现场中当评论员。

艺人组：负责艺人的联系沟通，安排艺人的工作日程以及吃住行。

舞美组：负责拍摄现场的布景和灯光效果，确保现场呈现最佳效果。

音乐组：负责创作节目音乐，选择音乐演奏团队和设备，协调艺人对节目音乐的需求。

服装组：负责节目艺人的全套拍摄服装的设计、制作。

前期组：负责节目人物摄录、录音、拍摄场地准备、各种设备选型和使用、场记等。

后期组：负责将前期摄录的节目素材，上载到媒资、非编中，对节目素材画面按一定顺序加以连接，然后配上特技以及解说、音乐等，合成为一个完整的节目。

后勤组：负责编制节目预算和经费使用，安排节目制作全体人员的食住行，负责现场安保。

二、二次版权开发

二次版权开发，是从媒资节目内容数据中，重新挑选节目资料，然后按照一定的创作思路，把节目资料重新编辑制作成新节目。相对原创节目而言，二次开发制作节目一般不需要前期摄制，主要工作是组建创作团队、做好选题、编写脚本，然后从媒资中检索、下载和编辑节目资料，再添加配音、字幕和特技，合成完整的节目成品，最后复制成指定格式的播出带或音视频文件，制作过程便完成。

节目规模化生产时，可以组建多个后期制作小组，动用几百个编辑工作站参与工作。每个后期小组的任务，可以分配给几个制作群来承担，每个群又由十几个编辑工作站组成（见图2-1），通过合作共同完成任务，每周可制作一小时至几十小时的节目。

图2-1　节目后期生产联合编辑工作站

2.2　数字音像档案

广播电视节目和素材，有时我们也称它们为节目音像资料，它们中的一部分具有历史价值的，我们又把它看成音像档案，在广电部门，音像档案是主体档案，它既是档案，又是资源，所以我们不仅要保护它，而且要尽量开发应用它。由于音像档案是广播电视节目的重要组成部分，它能记载历史，传承文明，服务当代，留给未来。所以我们打算多用一些篇幅来阐述它。

一般来说，音像档案是指国家机构、社会组织以及个人在从事政治、经济、科学、文化、教育、军事等活动中产生的有保存价值的音像资料，并辅以文字说明的历史记录。音像档案有时又被称为声像档案、视听档案。从物理学上讲，音像档案及音像资料，是指在磁带、光盘或其他存储介质上所承载的声音或图像信息，它的使用表现形式是听和看。一般来说，音像资料的数量大于音像档案的数量，音像档案的价值高于音像资料的价值。音像资料和音像档案由于具有明显的资源属性，所以有时我们又统称它们为音像资源。

在省级传统媒体中，音像档案由数以百计的记者拍摄、采集于社会生活的各个层面，同时，还有围绕历史人物所做的专题录制的音像档案。因此每年新增的音像档案可达几百小时至几万小时的数量，省级广播电视台音像档案总馆藏量一般在50万小时以上，可见音像档案收集工作量巨大。

在民间收集音像档案的方式很多，有私人捐赠、市场购买、海内外拍摄、文史馆拷贝、互联网播出、卫星广播收录，等等，而在一般的机关档案馆中，音像档案所占比例日益增加，但总量不是太大。

传统广播电视台在收集音像档案时，主要选择方向有：政治人物、重大事件、社会生活、经济改革、科教文体、国际局势等。

这里尤为值得一提的是对年代久远的音像资料的收集。我们鼓励社会各界捐赠年代久远的历史资料，包括文字、照片、胶片拷贝、胶木唱片、塑料唱片、录音钢丝、磁带、光盘等，还要对年事已高并经历过民主革命、抗日战争、解放战争、抗美援朝、抗美援越、新中国成立初期、"文革"前、"文革"期间以及改革开放以来的人物进行专访，进一步丰富音像档案馆藏，为更好地"服务于宣传工作、服务于社会民众、服务于领导决策"创造条件。

2.2.1 介质与保存

1. 存储介质

物理学上，一种物质存在于另一种物质内部时，会称后者是前者的介质。介质种类一般有光介质、电介质、机械波介质、磁介质、存储介质等，通常介质材料是处于气态、液态、固态的物质。

在音像档案中，我们把存储音像信息的物质称为存储介质。由于介质的不同，音像档案的保存时间的长短和信息质量也会不同。1877 年 8 月 20 日，爱迪生发明留声机；1895 年 12 月 28 日晚，法国人卢米埃尔兄弟在巴黎一家大咖啡馆的地下室里，放映了他们自己拍摄的《火车进站》等影片，这一天被电影史学家们确定为电影正式诞生日。早期的声音是记录在圆盘唱片上的，电影是存储在银盐胶片上的，声音失真较大，图像清晰度不高。现代电影的图像和声音信息则是以数字方式存储在磁盘或半导体芯片中，采用现代高质量的数字技术录制声音和图像信息。

音像档案中声音信息（有时也称音频）的存储介质，先是有胶木唱片、塑料唱片、录音钢丝、开盘式录音磁带、盒式录音磁带（氧化铁磁带、氧化铬磁带、金属磁带）、DAT 数码音频磁带，然后是激光唱片

CD、磁光盘 MD、超级激光唱片 SACD，现在则主要是存储在硬盘或者芯片中的数字化音频文件中，当然，不同的存储介质的播放设备形状也不一样。

音像档案中图像信息（有时也称视频）的存储介质，先后有电影胶片、模拟式记录信息的 1 英寸宽的开盘式录像磁带、1/2 英寸、3/4 英寸盒式录像磁带，数字化记录信息的激光 LD 光碟、VCD 光盘、激光 DVD 光盘、蓝色激光 DVD（比普通 DVD 存储信息量大，更清晰）、磁光盘 MO，以及现在存储在硬盘或者芯片中的数字化视频文件。

在图像存储介质中，种类繁杂的存储介质主要有三类：

第一类是 1977—2005 年间各种格式的录像磁带，它们分别是模拟化记录音像档案信息的 1/2 英寸 VHS 盒式录像磁带（分辨率 240 线）、1/2 英寸 S-VHS 盒式录像磁带（分辨率 260 线）、3/4 英寸广播级 U-matic 盒式录像磁带（分辨率 300 线）、广播级 1 英寸视频开盘磁带（分辨率 480 线）、1/2 英寸广播级 BetacamSP 盒式录像磁带（分辨率 400 线）、广播级 MII 盒式录像磁带（分辨率 400 线）、2001 年前后的 1/2 英寸广播级数码 Betacam 盒式录像磁带。

第二类是 2005 年以后数字化记录音像档案信息的 MiniDV 盒式录像磁带（分辨率 720×576 线）、广播级 Betacam SX 和 IMX 盒式录像磁带（分辨率 720×576 线）、广播级 DvcPro 盒式录像磁带（分辨率 720×576 线）、广播级 DvcAM 盒式录像磁带（分辨率 720×576 线），以及现在使用的广播级 XDCAM 蓝光盘（码率 50M，分辨率 720×576 线或者 1920×1080 线）、广播级高清盒式录像磁带 HDCAM（码率 100M，分辨率

1920×1080 线)、广播级高清盒式录像磁带 HDCAMSR（码率 200M，分辨率 1920×1080 线)。

第三类是软盘（软磁盘，流行于 1980—2000 年），硬盘（硬磁盘，流行于 1970 年至今），半导体存储卡诸如闪存、U 盘、CF 卡、SD 卡、MMC 卡、SM 卡、记忆棒（Memory SticX）、XD 卡。

早期的存储介质所记录音像档案内容的时间长度在 5 分钟至 120 分钟不等，而当今的磁带、半导体存储芯片，则可记录 120 分钟至 360 分钟左右，硬盘则没有时间长度限制，可以无限扩展。

上述这些记载音像档案的存储介质，如果是原始记录介质，我们应该尽早把它们记录的模拟或者数字视音频信息，重新进行数字化整理，然后把信息保存到媒资中，它的存储容量为数万小时至数百万小时（时间跨度可以没有年代限制），同时还要把信息存到其他存储介质中做备份。

2. 保存音像档案

音像档案保存的物理寿命，直接关系到历史记录的原始证据的存在与否。所以，我们要以高度的历史责任感，精心做好音像档案的保存工作。

保存原始的音像档案存储介质，需要满足一定的物理环境要求，一般要避免光照、粉尘及有害气体的污染，同时，还要求温度控制在 17℃~20℃、湿度控制在 35%~45%，且 24 小时内温度变化不得超过 ±3℃，相对湿度变化不得超过 ±5%。磁场强度控制在 30 奥斯特以下。唱

片水平放置、磁带竖立存放。磁带每隔三年需要倒带一次和去除霉粉，有时还要清洗磁带盘、磁带盒，清洗溶剂可选用二氯二氟甲烷、异丙醇、甲醇等，并在通风良好的环境中操作。要及早将唱片、磁带存储的音像档案信息，通过数字化处理存入媒资中，或者转录到光盘中。

音像档案入库归档时，其内容制式、格式、清晰度等技术指标，均应符合国家新闻出版广电总局的技术规范，尽量确保以当前最高制作标准的格式入库（高清信号格式1080/50i，分辨率1920×1080；标清信号格式576/50i，分辨率720×576），并录制国际声道，保留无字幕、无标识的国际版。为了确认音像档案的归档身份，还可以设定20位二维条码，例如某磁带印记有"Y、S、WS、ZB、20170117、000123"的20位条码，它表示"电视磁带介质、素材、卫视频道、总编室、20170117入库、流水号000123"，这些条码的编码方式可由各媒体自行设定。

对于有条件的单位，音像档案的复制副本，应该在300公里以外异地保存，要尽量避开同一个地质结构板块和地震活跃带。

例如，在上述各种音像介质中，有一个品类颇受民间收藏家和玩家的喜爱，那就是黑胶木唱片。尽管它声音失真较大，但它容易保管，且升值也快，重放时用胆机配上书架音箱（KEF、JBL、Roger乐爵士、HARBETH雨后初晴、DYNAUDIO丹拿等品牌），声音听起来韵味十足。

3. 修复音像档案

音像档案的修复主要有两种方式，一是对原始音像档案存储介质做物理修复；二是对原始音像档案存储介质的内容，先进行数字化存储，再用数字方式对信息进行修复。

（1）物理修复

物理修复，主要是对原始音像档案存储介质进行修复，清除灰尘、霉粉、录音钢丝的锈点，电影胶片采用超声波清洗，磁带去除霉粉采用专门的清洗设备，还有对断裂的磁带、胶片进行剪辑黏合等。

（2）数字化修复

数字化修复，首先是要对原始音像档案经过数字化存储，其次，采用数字修复专业设备，对视频信息的亮度、时基、色调、信杂比等参数进行校正优化，对音频信息的音准、播放速度、信杂比进行校正优化，以获得满意的信息质量。

2.2.2 整理

1. 整理音像档案

音像档案现代整理方式，是把原始音像档案内容通过播放设备读取出来，然后转变成合适的数据格式存储到媒资中，再采用先进的数字化处理设备对它进行编目、版权著录、艺术加工等整理，使它能够满足媒体多种用途的需要。

2. 数字化保存及云存储

我们首先来看看音像档案的使用情况，具体可分为以下几种：

（1）使用非常频繁的音像档案内容，称为活跃内容；

(2) 周期性使用的音像档案内容，称为动态内容；

(3) 极少使用的音像档案中的历史内容和原始数据，称之为静态内容；

(4) 以模拟形式如原始录像带、录音带、胶片和唱片等保存的内容，称之为原始音像档案或音像资料。

其次，我们可以根据上述音像档案的使用情况，来设计不同的存储方式，比如采用多级存储方式。

我们先用各种播放设备来读取对应格式的音像档案内容，然后再用模拟/数字转换器，将这些音像档案内容转换成为能够被媒资存储的数据。通常，在媒资系统中存储音像档案由以下几种方式组成：

(1) 把活跃内容存储在磁盘阵列等在线存储设备中，以便高速访问和使用。在线存储采用高速磁盘阵列、半导体存储芯片等，它们存取速度快，能满足日常视音频内容上载、编目、审核，以及存储使用频率较高的音像档案，这类存储设备的缺点是价格昂贵，通常只要满足需要数量即可。

(2) 把周期性使用内容存储在近线存储设备中，包括用于和在线设备发生频繁读写交换的内容，其主要设备是自动化数据流磁带库，它既可以做到较大的存储容量，又可以获得较快的存取速度，而成本又相对较低，动态内容可根据需要在在线存储和近线存储设备之间动态调度。

(3) 静态内容存储在成本低廉的数据流磁带或光盘介质上，采取密集架保存的方式，并提供数据备份保护功能，这种保存方式称之为远线存储，之所以称为"远线存储"，是因为它仍然受控于统一的存储管理软件及操作系统控制。

（4）当近线、远线存储设备还不够用时，可以采用离线磁带库作为离线存储，其访问速度低，但能实现海量存储，同时价格低廉。对于那些原始的音像档案介质，采用档案柜的物理保存方式，我们也把它归入离线存储的范畴。

针对音像档案的这些特点，媒资中建立了基于 SAN（存储区域网络）构架的包括硬盘阵列、磁带库和密集架保存等多级的存储体系，它能将访问速度快及相对较慢的磁盘阵列、访问速度更慢的全自动化磁带库、光盘库，以及依靠人工管理的磁带或光盘密集架等多种存储设备，通过存储管理软件统一在一套体系下，将不同形式的内容存储在不同性质的设备中。因此，媒资采用基于 SAN 结构的在线、近线、离线相结合的多级存储结构，是目前具有较高性价比的存储方式。

由于数字化视音频内容的数据量大，占据存储空间多，所以要求存储系统不仅要能够提供足够的存储容量，而且还要提供高速存储和高速读出的能力，于是，整个媒资系统在信息采集、处理、存储和音像档案内容的发布上，都要提供足够的处理速度，系统的网络也要有足够稳定的处理能力和频带宽度。存储系统必须是可靠、快速、易于扩展的存储体系，才能满足用户庞大的音像档案存储数据量的要求。媒资的存储量，可以像搭建积木一样不断增加，目前省级电视台媒资的存储量一般在 80 万小时左右。

由于媒资软件系统具有冗余容错能力，所以当在线磁盘阵列出现损坏或者近线数据流磁带损坏时，档案内容数据不会丢失，只是我们要及时更换损坏的存储介质。对于早期存储在各种介质上的音像档案，现在都会把它们转化成为数字信息存储在媒资当中，同时，我们还要更加精心地保存好原始存储介质。

（5）云存储，是一个以数据存储和管理为核心的云计算系统，它是通过集群应用、网格技术或分布式计算系统等功能，将网络中大量各种不同类型的存储设备，通过应用软件集合起来协同工作，共同对存储内容提供数据存储和业务访问功能的系统。云存储是继媒资存储以后新生的存储技术，云存储是在分布式计算基础上发展起来的云计算（Cloud Computing）概念的延伸和发展，它能够提供更快的存储速度、更大的存储容量。当云计算系统处理的是海量数据的存储和管理时，云计算系统中就需要配置大量的存储设备，那么云计算系统就转变成为一个云存储系统。目前，媒体音像档案存储，主要还是存放在媒资中，但是当制作团队赴外地拍摄，产生大量视音频素材时，人们就会通过云处理和光纤，将内容回传到媒体驻地的云系统中（图2-2），这种经过云处理的内容传输效率比直接传输视音频内容会高出2倍至3倍。

图2-2 驻地云系统

第二章 内容产业

3. 数字化整理

我们知道,一般档案在入库整理程序上主要包括上架、整理、装订、定期查验和每月进行保管数量统计等,如果对档案进行计算机数字化整理,则还要增加一些环节。首先,是对档案进行数据化采集,纸质档案用扫描的方式采集到计算机中,实物档案采用拍照变换成数据的方式采集,音像档案用相应的播放机接入将其采集到计算机中。其次,是依照相应的规则对形成的档案内容数据进行编目整理和版权信息著录,并设计相应的检索方式。

在计算机档案管理系统中,要对档案内容数据和目录数据进行存储、备份、权限和日志管理等,然后通过网络对外提供档案数据查询、下载、打印和使用数据的统计服务。

音像档案的数字化,为人们有效地使用档案带来了便利,但是数字化的档案并不能完全取代原始档案,原始档案依然有它存在的价值。因为原始档案毕竟是实物,一些实物年代越久远,价值就越高。

4. 数字化过程

音像档案,作为广播电视台的主体档案,它每天都可能被重复利用,因此人们为它设立了专门的存储系统,现在被广泛使用的是与媒体内部网络联通的媒体内容管理服务器,它是由在线、近线、离线存储器及软件操作系统组成的大型装置。在这里,人们可能会把音像档案分类进行数字化整理,如把它们分为:新闻类、综艺类、社教专题类、影视剧类等,再依照国家相关行业标准进行编目,并标注其版权、产权属

性等。

音像档案由于数据量大、在网络传输中要求快,并要求以多格式在多种网络结构中提供数据服务,所以对承载它的媒体内容管理器提出了很高的技术要求,媒体内容管理器也由此变得十分复杂和昂贵。一个省级电视台的媒体内容管理服务器费用及编目费用至少需要 2000 万元。

与一般档案不同的是,因为音像档案的数据量大,查询、使用频率高,所以其数字化方式有些特殊。近几年,随着计算机在信息技术中的广泛应用,人们从用计算机对文字、声音和图像等信息进行数字化处理中,获得了良好的社会和经济效益。由此,也引发了媒体投资建设媒资的兴趣,从而带动了媒体行业用计算机技术对音像资料和音像档案进行整理、保存和利用,媒体对内容资源的管理方式由此发生了深刻变化。甚至可以说,谁能大规模地运用媒资对节目生产的全流程进行有效管理,谁就能有效地降低媒体运行成本,提高媒体资源利用效率,抢占媒体发展的战略高地,从而在市场的竞争中成为强者。而这些变化,都源于人们对音像档案所进行的数字化处理。

下面,我们将比较详细地讨论现代计算机技术给媒体音像档案工作所带来的深刻变化,以及音像档案的数字化过程和数字化应用。

(1) 计算机带来的深刻变化

计算机技术给媒体音像档案带来的深刻变化主要有以下几个方面:

一是认识上的变化。过去,人们对音像档案的认识主要停留在唯档案而档案之上,一旦存入库房就很少"光顾"它。它的服务对象仅仅局限于媒体从事节目制作的编辑记者,那时音像档案的查询利用率很低，对它的管理和登记往往采用手工方式，查找起来十分不便。现在，人们对音像档案的认识和以往相比，发生了很大的变化。可以概括为四方面，即：音像档案是编辑记者生产节目的原材料，是媒体可持续发展的绿色能源，是社会公众文化消费的文化资源，是人类共同的宝贵文化遗产。因此，对音像档案的合理保护和利用，不仅能够提升媒体的传播能力，而且还从一个侧面体现了国有媒体的文化底蕴和社会责任。

二是开发利用上的变化。过去，音像档案由于采用手工查询的方式，从成千上万的拷贝、磁带中查取自己所需要的几组镜头，就好比大海捞针，往往要花费好几天时间，还找不到自己所需要的资料，人们不是万不得已，是不会去查询拷贝和光顾磁带库的，因此，音像档案的利用率低下，这也导致音像档案部门被边缘化。加上体制原因，各个台、各频道管理自己的音像档案，水平参差不齐，平均利用率更低。现在，音像档案被数字化存储在媒资中，实现了自动化管理和网络运行，音像档案的目录查询、内容使用都可以通过网络做到足不出户，音像档案内容可以便捷地通过网络下载，为各个频道的编辑记者、媒体播出和社会公众提供服务，实现了音像档案转变为音像资源，进而又转变成巨大的财富。毫不夸张地说，通过现代计算机技术，音像档案这份宝贵的文化资源已经形成一个巨大的文化产业。

三是保存方式上的变化。过去，人们对音像档案的认识主要停留在一般性保存和为媒体编辑记者制作节目提供资料查询和服务上。所谓一般性保存，就是将载有音像资料的载体（早期的音像资料载体主要是由拷贝、磁带和少量的光盘）存放在恒温、恒湿的柜架中。多数情况下随着时间的变化，拷贝将发生形变和褪色，磁带将出现退磁和霉变，光盘将失去透光度，从而导致音像档案损毁消失。许多媒体对于音像档案的损毁和流失都显得无可奈何。现代人们将音像档案的内容进行数字化转变，然后录入媒资中存储。为方便使用和查询，还对音像档案进行目录编辑，通过媒资，人们可对音像档案进行有效的保护，并可以对音像档案的内容数据实行异地备份存储，几乎可以做到音像档案的零损毁和零流失，从而为人类保留了这份重要的文化遗产。

由此可见，上述这些变化，其核心在于人们对音像档案进行了数字化处理，并建立了一个相应的网络系统。因此，为深入理解媒资对音像档案的数字化处理原理，我们有必要对音像档案的数字化过程加以讨论。

（2）音像档案的数字化过程

音像档案的数字化过程，就是把音像档案内容读取出来，经过模拟（原始内容是模拟格式）/数字转换，或者数字（原始内容是数字格式）/数字转换成为媒资所需要的内容数据格式，存储到媒资中，并按照各种应用检索的需要，对已经存储在媒资中的音像档案进行编目和版权著录，从而完成音像档案的数字化保存。

在音像档案的数字化过程中，第一，我们首先要对音像档案的各种内容信息来源进行连接，将卫星接收、磁带库房的模拟和数字磁带、网络音视频数据、节目生产媒资数据、胶片拷贝等载体的内容，通过相应的读取设备读取内容信号（俗称内容上载）；其次将内容信号做模拟/数字转换或者数字/数字转换，以取得适合媒资存储的数据格式；最后将音像档案的内容数据，存储到媒资中。如果磁带存放年代久远，则磁带上面记载的信息会有损失。因此，在上载前后，还应对磁带上的信息，做音视频修复，以优化音视频。

第二，为便于查询和利用，还要对音像档案的内容进行详细的目录编辑，简称编目。以电视音像档案为例，编目内容包括对节目层、片段层、场景层和镜头层进行著录和编目，不仅如此，还要对他的导演、主要演员、制片人、版权及知识产权、配音语种、音视频技术格式、内容简介等加以描述，所以编目很费工时。为了不同媒资之间、不同地区之间数字化音像档案的数据交换和资源共享，编目必须采用统一的标准。

根据使用频度，媒资将把音像档案数据分别存储在在线磁盘阵列、近线数据流磁带、近线光盘塔和离线数据流磁带库中。

为数据保存的安全起见，在媒资数据的查询和使用上，还设计有授权等级。此外，为防止各种灾难对音像档案数据造成毁坏，媒资数据流磁带还应重复备份，放在同一地理结构板块以外的异地加以保存。

由于媒资能存储海量的音像档案数据，其数据上载、下载规模很大，因而，媒资运维只要几个人，但为配合它的内容数据编目工作，则需要有几十人至几百人。

(3) 数字化音像档案的使用

音像档案数字化，不仅使音像档案得到了最佳的保护，更为重要的是，音像档案数字化以后，能更好地加以使用，更好地挖掘它的利用价值，真正实现档案变资源，资源变财富的转变。

存储在媒资中的音像档案数据，通过格式转换器（又称转码器）

为不同的用户提供合适格式的数据服务，在格式转换器后面一般还设有流量统计和计费装置，对不同客户分别计算费率，收取音像档案的使用费用。

媒资内容经由网络连接到内容发布平台，做内容发布，这种连接媒资内容数据的网络有两种形式：一种是双网结构，是采用ISIGSE协议的FCSAN光纤存储网（其中内容信息走光纤网，管理信息走以太网），这种网比较复杂，但可靠性较高；另一种是单网结构，是采用TCP-IP协议的IP以太网（其中内容信息、管理信息都走同一个网），这种网架设简单，但可靠性要低一些。

由网络取出的音像档案数据，用户根据自己的需要选择相关内容（俗称内容下载，有时还需要版权拥有者进行授权许可），分别提供给传统媒体做播出，或为节目制作部门提供素材服务，为新媒体提供互动式内容服务和视频短片服务，为节目营销部门提供二次产权交易销售，为社会公众提供各个年代的音像档案的查询和使用服务。

音像档案二次版权开发的授权销售，能产生很大的经济收入。目前，国内珍稀音像档案资料每分钟授权可以卖到2000元至1万元不等，在国际市场上，珍稀音像档案资料每分钟授权可以卖到1000美元至1万美元（每盎司黄金的售价才1265美元）。所以，开发利用音像档案资源，既可以满足人民的精神需要，又可以产生良好的经济效益，是一个非常有意义和有价值的事情。

这里还顺带提及一下音像档案的集中统一管理问题，这个问题将直接影响音像档案的保护和利用水平。有些媒体各频道的音像档案库相对独立，形成许多信息孤岛，导致音像档案资源的流失和损毁。比较妥善的管理办法，是将所有频道的音像档案库房交由媒体的一个主管部门集中统一起来，库房可以分散，但管理必须集中。然后，运用媒资对它们集中进行音像档案的数字化整理。当然，我们也要充分尊重节目资料产权归属频道的权利，坚持"未经频道负责人授权，其他频道可以浏览但不得采用"的原则，设置音像档案流通的授权环节，用以维护版权所属频道的既得利益。

由于文化产业能够拉动内需、增加就业和节能减排，所以，大力发展文化产业被列为国家的战略决策。因此，音像档案作为文化资源的重要组成部分，具有非常良好的开发前景，尤其是随着网络经济的到来，数以万小时计的音像档案可以作为文化资源性网站和新媒体的内容，直接引发网络超高的日点击率，从而产生以亿元为计算单位的巨大经济效益。可见，存储在媒资里面的音像档案数据的迅速流动，就能够为传统媒体、新媒体和公众提供优质的内容服务。一个能提供1000万条以上的视频数据服务的媒资，一年就可能产生上亿元甚至几十亿元的效益。人们常说媒资是产业，也就是基于这样一个道理。

5. "流态化"前景

如果说，前面我们讨论音像档案的数字化，我们还可以换用另外一种角度来描述，这也许会有助于大家对数字化的进一步理解。我们之所以这样认真，是因为音像档案的数字化对于它的产业化开发非常重要，它是我们"把档案变资源，把资源变财富"的关键性举措。

当媒体纷纷在自己的音像资料（档案）部门建设媒资，使原本藏在固体磁带中的音像档案资料（包含有视频、音频信息），转变成媒资中的数据流，在网络中流淌，音像档案从此由"固态"变成了"流态"。而且，这种趋势随着近几年新媒体业务的开展和存储器价格的大幅度下降，变得更加普遍化。音像档案在媒资中的"流态化"过程，使我们要经历一个建设和使用媒资的技术时代。在这样一个时代来临的时候，人们关心的是"流态化"的音像档案将给这一行业带来什么样的前景，下面我们要讨论的就是这个问题。

（1）音像档案的"流态化"

音像档案的"流态化"是在媒资中实现的。它的一般过程是：载有音像档案的磁带通过上载录像机转变为视、音频信号，经过媒资中的模拟数字转换器分别变换成为高码流高清音像档案数据、标清音像档案数据及低码流检索数据，然后根据需要分别将它们存储于媒资的在线磁盘阵列、近线数据流磁带库和离线数据流磁带库之中。这些数据可以为媒体节目播出、节目制作、新媒体业务、音像档案业务、社会公众服务及资料管理直接提供服务。

在提供数据服务的过程中，响应速度最快的是在线磁盘阵列，然后才是近线数据流磁带和离线数据流磁带。所以，备播、审片用的高码流（标清电视节目在15Mbt至50Mbt码流，高清电视节目在100Mbt至200Mbt码流）音像档案和目录检索的低码流（800Kbt）音像档案通常都会存放在在线磁盘阵列中，节目制作所需的音像档案则会存放在近线数据流磁带库中，使用频率不高的音像档案则存放在离线数据流磁带库中。一般地说，媒资管理软件会根据数据使用频率的高低和对响应速度快慢的要求，自动将音像档案数据存储于不同的数据库中，并且是按1∶1备份。

在这个过程中，还有一个工作量非常巨大的环节，那就是对上载到媒资中的音像档案的内容数据进行目录编辑，简称编目。为便于音像档案的目录检索、内容存储和交换，编目的依据是国家新闻出版广电总局颁发的《广播电视音像资料编目规范　第1部分：电视资料》《广播电视音像资料编目规范　第2部分：广播资料》等，通常每一小时音像档案完成视、音频到媒资的上载只需要一小时时间，但对这一小时音像档案完成编目却要花费6~10小时。

目录的检索会有一个专门的窗口，媒资会根据你需要的主题词，或者意思相近的词来为你快速地查找音像档案资料，然后经过一些流程，你就可以下载内容加以利用了。

（2）"流态化"的音像档案价值释放效率在于流速

音像档案实现"流态化"以后，人们对它的要求是目录查询便捷、内容的使用和下载的流速要快，否则就失去了"流态化"的意义。因此，还需要有与媒资相配套的子系统、高速宽带网络以及相应的管理软件。

现在比较流行的做法是设立一个全媒体的制作、播出网络，也有叫"全台网"的。为了保证流速，它由一个核心的万兆带宽的高速交换控制主平台，将多个用于节目生产或节目播出的媒资（又称生产媒资、播出媒资）、节目生产编辑群、总编室节目编排系统、其他业务板块（网站、移动广播电视、手机广播电视、网络广播电视、音像档案、其他新媒体业务等）和中心主媒资连接起来，实现节目播出数据、节目素材数据或音像档案数据的高速运转，以满足媒体规模化生产、自动播出和资料存储的需求。

由于中心媒资要不断接收从子媒资迁移来的资料数据，担负着媒体全部音像档案的存储任务，所以地位十分重要。因此，要想全台网或制、播网安全高效，就必须要求中心媒资具有优异的性能，节目音像数据要进得来、出得去。同时，中心媒资还要具有备播和管理功能等，这样整个网络才会合理和高效。

在广播电视媒体有多个办公地址，音像档案由多地址、多格式的数据组成时，则往往需要设立一个节目缓存系统（称之为 SATA），用以完成多个媒资之间的数据交换，以实现数据的快速流动。

（3）"流态化"的音像档案给行业带来的发展前景

党中央提出要"大力发展文化产业，实施重大文化产业项目带动战略，加快文化产业基地和区域性特色文化产业群建设"，"运用高新技术创新文化生产方式，培育新的文化业态，加快构建传输快捷、覆盖广泛的文化传播体系"。

可以说，国内真正的文化产业大竞争、大发展是从党的十八大以后开始的。传统媒体要把自己打造成为数百亿元产值的传媒集团，才能在这场竞争中成为胜利者。显然传统媒体为了实现这一战略目标，除了要尊重人才，加大创新和体制机制的改革力度以外，还要加大自身系统性的基础建设力度，尤其是采纳人工智能大数据管理技术，将为广播电视台的发展带来革命性的变化。

音像档案实现由"固态化"到"流态化"的转变，正是当前广播电视媒体最重要的基础性建设。

我们可以把视角聚焦到拥有现代文化产业的美国和法国，同时也可以注视国内传媒的龙头——中央电视台，发现他们都有一个共同的新构架，那就是他们都有一个极其现代化的音像资料馆，并在馆内建有一个让音像资料（档案）实现由"固态化"到"流态化"的现代化的媒资，它存储了当地媒体的全部音像档案。这个高技术装置几乎能够为媒体生产和制作提供全部的原材料，而且它提供素材和资料的数量、速度和效率十分惊人，是手工运作所无法比拟的。

音像档案实现由"固态化"到"流态化"的过程，也是媒资数据建立的过程。完成这一过程，至少可以在五个方面取得新的成就，为音像档案事业和广播电视媒体带来新的发展前景：

一是通过媒资网络有效地实现了对广播电视媒体的音像档案的集中统一管理（包括节目版权）和使用，使媒体所有频道的节目音像资源共享成为可能。音像档案过去以普通磁带的形式保存时，一盒磁带如果不复制，只能供一个用户在一个地方使用。音像档案数字化以后，通过宽带网络，只要有授权，原则上可以给无数个用户在任何地方使用，这就极大地提高了资源的利用率，减少了浪费。

二是极大地提高广播电视传统媒体产业节目的产量、质量和效率，实现生产的产业化。国家鼓励做大做强文化传媒产业，对于传媒来说，就是要建立自己的市场主体。在市场主体中，电视剧、室内情景剧、连

续的栏目等节目按照市场需求的规模生产,这就要求媒资能够提供巨大的内容数据流的服务,而这种服务用手工是无法完成的。

三是用普通的节目磁带所不能完成的各种新媒体业务,在媒资建成后可以顺利地开展,为媒体带来新的收益。我们知道,现行的节目磁带有十几种规格,而新媒体 IPTV、移动电视、手机电视等又都有各自的格式,节目与用户之间存在着编码方式的不同,因此需要连续自动地转码,这在媒资中可以轻易地实现,只要将流态化的节目资料送入相应格式的转码器即可。

四是有利于主体档案的长期保存。广播电视媒体所有音像档案都可以被存储到媒资中去,并能够长期保存,这就有效地完成了本地广播电视部门以音像资料为主体档案的长期保存和备份,使音像档案长期再现历史成为可能。

五是为社会公众通过网络提供音像档案的服务成为现实。人们足不出户,通过网络就能查询、观赏到海量的电视文艺作品和当地人民几十年进行社会主义建设的史诗般的电视画面。

从上我们可以看出,由于媒资的兴建,音像档案实现由"固态化"到"流态化"的转变,为音像档案业带来了深刻的变化。随之而来,音像档案馆也将从媒体的"边缘"进入媒体的核心,主要工作将由原来收集、整理、研究和开发音像档案,转变为实现音像档案的"流态化"和数字化,为节目制作部门提供音像档案数据,为新媒体业务部门提供节目内容数据,为播出部门提供备播内容数据,为社会公众提供音像档案服务数据,并成为广播电视主体档案的集结地。总之,由于媒资的出现，音像档案的"流态化"，将给广播电视媒体的整个节目制作、播出和营运带来革命性的变化，音像档案行业自身也将因此获得新的大发展。

2.2.3 媒资编目

音像档案的查询和使用，离不开它的目录，编目工作就是为音像档案编写目录。可以说，编目的质量决定我们查找、使用音像档案的效率高低。

编目工作的过程：当音像档案内容通过上载输入媒资系统后，由内容信息质量审核员对其质量进行审核，通过审核的音像档案内容被分发到数十个编目工作站的名目下，编目员要在媒资系统的编目工作站中打开编目软件界面，输入用户名和密码，然后进入编目工作系统，此时页面上会自动显示需要编目的节目，选择出音像档案、节目或者素材，即可开始编目工作，依次在编目信息的编辑框中，依照分类法填入正题名、关键词、内容描述、主题人物、节目版权权属频道等编目信息，最后点击"签章"，完成该项任务的编目工作。

1. 编目分类

在媒资中，能否高效使用音像档案，在一定程度上取决于音像档案的编目质量。因此，音像档案编目规则一定要参照国家新闻出版广电总局颁发的《广播电视节目资料分类法》《广播电视音像资料编目规范 第1部分：电视资料》《广播电视音像资料编目规范 第2部分：广播

资料》三个行业标准。

为了进一步规范编目,确保数字音像档案在各种平台上流畅地应用,我们还要结合自身特点制订《新闻类音像档案编目细则》《专题类音像档案编目细则》《综艺类音像档案编目细则》《影视剧类音像档案编目细则》《广播类音像档案编目细则》等。通常每1小时音像档案内容的视音频上载存入媒资中需要1小时,但对这1小时音像档案内容完成编目,需要花费10小时。实践告诉我们,在音像档案的编目上面花费一些时间是值得的,因为它会成倍地提高我们今后使用时的时间效率。

2. 编目分层

对音像档案分类以后,要对它进行编目整理。一个完整的节目,是由多个片段组成,每个片段又由多个场景组成,每个场景又由多个镜头组成,所以我们会把音像档案分成节目层、片段层、场景层、镜头层一共4层加以编目。但在实际中,我们往往会省略对场景层的编目。在进行编目时,我们会填写关键词和内容描述,然后会逐层填写编目著录项,节目层、片段层、镜头层编目的著录项分别是:

(1) 节目层编目著录项

正题名、副题名、主题、描述、版权、语种、节目类型、技术格式、来源、节目形态、关键词、版本说明、首播日期、附加标志、栏目、责任者描述、制作日期、空间范围、资料获取方式、时长(有时也称"实长",表示节目内容或者镜头的实际时间长度)等。

（2）片段层编目著录项

正题名，广电分类，关键词，内容描述，主题人物，事件发生日期，时长，责任者描述，时间范围，空间范围等。

（3）镜头层编目著录项

镜头名，关键词，拍摄地点，拍摄日期，内容描述，时长等。

为了确保编目质量，我们会对编目质量进行二次审核，同时还要注意以下两个问题：

一是编目员综合素质要高。编目员不仅要求行文规范、有高度的概括总结能力、穷原竟委的态度，还要有新闻敏感度，了解节目重点、要点、亮点在哪里，并且能用简明扼要的语言，准确地提炼出关键词和内容描述，这是基础。其次要求编目员知识面广，不仅要了解世界各国领导人的姓名、职务，我国国家、省、市各级领导人的姓名、职务，把握历史、时事状态，还要熟悉金融、工业、农业、体育、文化、医学、科学技术、娱乐等各行各业重要历史人物、新闻人物的姓名及经历；除此之外，对历史、文学、地理、体育、艺术等都要求有全面的了解，能熟知一两门外语，这才能保证面对各类节目遇到不清楚的概念时，能触类旁通，至少在遇到不懂的术语时，能找到查询的思路和办法。

二是要及时更新编目方案。更新编目方案，是根据节目制作播出方式多元化而采取的与时俱进的措施，对于出现音像档案新的技术格式、新的素材类型、新的节目模式，都要相应地调整编目方案。在写关键词和内容描述方面，主要需要经常关注网络热词，把热词做进相应的节目检索中，以备关联检索。要严格执行编目规范，同时必须做到该填什么，不该填什么，包括标点符号，都要在编目要求中明确。

3. 标准化编目是音像档案应用前提

我们知道数字音像档案的应用将会带来巨大效益。可是，要实现这些应用，有一个前提就是必须对数字音像档案进行统一的标准化编目，然后把数字音像档案存储到媒体内容资产管理服务器中。

实现标准化编目，首先是要确立哪些条目要写到编目中去，我们称之为著录项，又称之为元数据；其次是用计算机语言 XML 来表述这些元数据；最后是用 Web 页来显示这些元数据，供编目员编写目录。这样以后就可以为数字音像档案的查询和使用者提供应用服务了，下面我们分别加以简述。

元数据 MetaData，也称之为描述数据内容的数据，是用来描述音像档案内容特征的数据（如正题名、副题名、关键词、内容描述、主题人物、版权、事件发生日期、时长、责任者描述、技术格式等，见图2-3）。元数据适合于用 XML 软件来表达，再用 Web 页呈现出来，方便我们使用。为了实现音像档案内容的资源共享、开发利用以及提高它的网络交换能力，我们不仅要重视编目的质量，而且还要重视元数据生成过程中技术手段的选择，以及元数据的生产流程、质量标准、元数据生成的标签等方面的问题。

根据国家《广播电视音像资料编目规范 第 1 部分：电视资料》行业标准，我们摘录其中的元数据内容用 XML 语言表述，来说明我们要讨论的问题。

表1 节目层元数据项

序号	元素名称	修饰词		英文标识	是否必选	是否可重复
1	题名			Title	必选	不可重复
		正题名		Proper Title	必选	不可重复
		并列正题名		Parallel Proper Title	有则必选	可重复
		副题名		Subordinate Title	有则必选	不可重复
		交替题名		Alternative Title	有则必选	可重复
		题名说明		Title Description	可选	不可重复
		系列		Series	有则必选	不可重复
			系列题名	Series Title	有则必选	不可重复
			分集总数	Total Number of Episodes	有则必选	不可重复
			分集次	Episodes Number	有则必选	不可重复
			并列系列题名	Parallel Series Title	可选	可重复

图 2-3 元数据描述的内容：正题名、并列正题名等

我们把图 2-3 中表述的元数据内容，用计算机语言 XML 来表述如下：

<? xml version = "1.0" encoding = "GB2312" ? >

<! --注释：节点名称中 * 表示有则必选-->

<xs：schemaxmlns：xs = "http：//www.w3.org/2001/XMLSchema" elementFormDefault = " qualified"

attributeFormDefault = " unqualified" >

<xs：element name = " Program" >

<xs：annotation>

<xs：documentation>节目</xs：documentation>

</xs：annotation>

<xs：complexType>

<xs：sequence>

<xs：element name = " Title" >

```
<xs：annotation>
    <xs：documentation>题名</xs：documentation>
</xs：annotation>
<xs：complexType>
<xs：sequence>
<xs：element name="ProperTitle" type="xs：string">
    <xs：annotation>
        <xs：documentation>正题名</xs：documentation>
    </xs：annotation>
</xs：element>
<xs：element name="ParallelProperTitle"
            type="xs：string" minOccurs="0" maxOccurs="unbounded">
    <xs：annotation>
        <xs：documentation>并列正题名*</xs：documentation>
    </xs：annotation>
</xs：element>
<xs：element name="SubordinateTitle" type="xs：string" minOccurs="0">
    <xs：annotation>
        <xs：documentation>副题名*</xs：documentation>
    </xs：annotation>
</xs：element>
<xs：element name="AlternativeTitle"
            type="xs：string" minOccurs="0" maxOccurs="unbounded">
```

<xs：annotation>

<xs：documentation>交替题名＊</xs：documentation>

</xs：annotation>

</xs：element>

<xs：element name="TitleDescription" type="xs：string" minOccurs="0">

<xs：annotation>

<xs：documentation>题名说明</xs：documentation>

</xs：annotation>

</xs：element>

<xs：element name="Series" minOccurs="0">

<xs：annotation>

在实际工作中，我们通过将上面用 XML 表述的元数据，用 Web 页面呈现出来（见图 2-4），便于编目员进行编目工作。这个页面是按照国家《广播电视节目资料分类法》《广播电视音像资料编目规范　第 1 部分：电视资料》《广播电视音像资料编目规范　第 2 部分：广播资料》三个行业标准（见图 2-5）加以编制的。同时，上面这小段 XML 表述的元数据就是《广播电视音像资料编目规范　第 1 部分：电视资料》提供的标注表述语句。

总之，通过以上讨论分析，我们已经看到随着科技的迅速发展，媒体行业正在发生急剧变化，数字音像档案的作用日益凸显，它不仅承载着对历史的记录，同时，它也像云一样弥漫在整个内容视频产业的每一个环节中，如果使用得当，它将产生良好的社会效益和经济效益。

图 2-4 节目编目 Web 页面

图 2-5 分类法 电视资料、广播资料编目规范（送审稿）

2.2.4 版权著录

音像档案的版权著录工作，是要确认和记载音像档案的版权归属，明确音像档案的保存者是对其拥有完整的版权、拥有部分版权还是完全没有版权。

由于版权具有财产的属性，所以，音像档案的原始投资人拥有其版权或者拥有部分版权。在媒体中，如果媒体对某份音像档案承担全部投资，并且和相关演职人员签署拥有全部版权（包括在广播电视播出、互联网播出、衍生品开发）的协议，则媒体拥有其全部版权，否则其版权具有不确定性。解决不确定性的主要办法，是找到版权拥有人，通过谈判、协议和支付酬金来获取版权。

在进行音像档案的版权著录时，要依据媒体拥有的版权协议情况进行准确的著录。这会涉及许多条目，比如投资人、导演、编剧、艺人、作曲、演奏家等。

如果是请专门的公司来做这件事情，他们会很细致地填写每一个音像档案中的每一项版权归属，例如一台十年前的交响音乐会，则要填写几十位演奏家的版权归属，其著录项多达几十项。

随着科学技术的飞速发展，与媒资关联的编辑工作，出现了更加专业化的分工，比如新闻内容多采用索贝编辑系统，常规综艺内容使用AVID编辑系统，季播真人秀采用捷成代理的苹果编辑系统等。

有时由于素材量大，为了抢时间，往往是300台编辑工作站同时工作。例如一场真人秀几十个摄像机位，产生海量的素材（磁带、磁盘、存储卡、蓝光盘等），上载到编辑网存储需要两天时间，在编辑网中将各种编码格式的摄像机输出的素材转换成编辑系统需要的编码格式（转码）也需要2天时间，几十台编辑工作站组成几个编辑群工作6天或者更长时间，经过字幕和虚拟特技，才能完成时长90分钟的播出成品，

然后再把成品和关键素材存入媒资保存。

2.2.5 数字音像档案的应用

在媒体融合发展过程中,广播电视节目内容生产和数字音像档案的二次版权开发应用,都是媒体节目生产的工作内容,媒体商业运作是建立在看节目或者使用数字音像档案以及新媒体视频、游戏、会员制收费、其他线上线下服务的基础上的,离开节目和数字音像档案这个内容基础,媒体也就失去意义。下面我们将分析数字音像档案在传统媒体、新媒体、融合发展以及文化产业园中的应用,并且指出做好数字音像档案开发应用的前提,是做好编目等基础工作。

在媒体融合发展过程中,广播电视节目内容生产和数字音像档案的二次版权开发应用,仍然是媒体运营的核心工作之一,媒体商业运作都是建立在看节目或者使用数字音像档案以及新媒体视频、游戏、会员制收费、其他线上线下服务的基础之上,离开节目和数字音像档案这个内容基础,媒体也就失去意义。可见,我们正确认识数字音像档案在媒体中的应用十分重要。

一、数字音像档案在广电行业的应用

数字音像档案除了档案属性,还具有节目资源属性,从节目角度上看,它就是节目。在传统媒体中,数字音像档案的应用是通过广播电视台的有线及无线播出渠道对收音机、电视机的单向播出,然后获取广告收益。此时,受众收听收看数字音像档案节目是被动式的选择,没有互动性,广播电视台只能通过收视率调查来获得信息反馈,了解受众的反应。

二、数字音像档案在新媒体中的应用

在新媒体中,数字音像档案节目的播出是通过互联网、移动互联网对电脑、平板电脑、手机、网络收音机、网络电视机进行的互动播出,它能够实现开放、共享和用户互动,同时,通过大数据云处理分析,新媒体可以按照用户的收听、收看喜好,为用户自动推荐其喜欢的数字音像档案节目,不仅如此,还能对用户精确投放广告和消费品信息,实现商业利益,于是引发了巨大的商业价值,商业的收益回馈到媒体,给媒体的发展带来了新的生机。

三、数字音像档案助力媒体健康发展

随着互联网媒体的快速发展以及市场的变化,传统的广播电视媒体似乎还没有在融合发展和文化产业建设上找到良好的经济增长点,广播电视广告市场的急剧下滑给传统媒体造成资金上的困难,一些媒体已经到了靠当地政府全额拨款才能维持运转的地步了,传统媒体如何走出财务困境,已经成为摆在媒体领导面前的主要课题。究其原因,主要有三:一是传统媒体广告市场逐渐萎缩,2016年的传统媒体广告市场萎缩,全国31个省市卫视广告总额393亿元,比2015年的409亿元下降4%,广告份额减少主要是因为传统媒体广告份额向互联网以6%左右的幅度迁移,这不仅使上星频道遭遇市场冲击,有的地面电视频道和广播频道甚至出现广告收入"腰斩"的现象;二是在融合发展上没有找到"效益"的触发点;三是媒体的产业建设不理想。

在坚持正确导向和社会效益第一的前提下,媒体"内容为王"的

这个游戏规则，在今后几十年中仍然有效。关键是怎么使用好节目内容或者数字音像档案，在媒体融合发展的新形势下为媒体建设贡献力量，笔者认为，正确应用数字音像档案可以为媒体带来巨大效益：

（一）大力推进数字音像档案的新应用

通常来说，一个省级广播电视台的音像档案库，一般收藏有数十万小时以上拥有完全自主版权的数字音像档案，它们中的绝大部分能够由二次版权开发和衍生品开发，出现再利用的价值，通过传统媒体、新媒体视频网播放，产生互联网收费流量和捆绑的互联网广告，形成巨额收益。同时，通过版权交易、衍生品授权开发等还可以获得更多收益。

（二）在主流媒体融合发展中的新应用

首先，融合发展是解决传统媒体生存困境的良方，"融合"不是传统媒体+新媒体的共存，而是传统媒体与新媒体"融为一体"。那么，内部不再有传统媒体与新媒体分别独立存在的机构，而是按照节目和数字音像档案内容的需要，重新组合全新的部门。例如，传统媒体和新媒体的新闻部、时政部、信息部合为一体，其节目和数字音像档案二次开发的节目在共用的互联网、移动互联网、广播电视有线无线网中同时播出，通过互联网或者移动互联网实现用户互动消费。此时，数字音像档案还将通过媒体资产管理服务器在线为各全新节目部门提供极为重要的资源支撑，经由广告和会员制收费，使数字音像档案的资源转变为财富。

（三）在文化创意内容产业园中放光彩

最近，湖南省委书记杜家毫提出"北有中关村，南有马栏山"，打造马栏山 5 平方公里文化创意产业园。湖湘文化源远流长、底蕴深厚，湖南广电、出版、动漫、演艺等文化湘军、文创产业闻名全国。进入数字信息时代，文化创意、移动互联网等产业就是湖南发展的比较优势之一，也是打造全国乃至全球文创产业发展高地、加快实现中部崛起的重要途径之一。杜家毫认为"比创新，我们可能比不过深圳；比总部经济，我们比不过北京；比金融，我们也比不过上海。但发展文创产业，我们有底气有优势、有信心有能力"。马栏山再次被赋予新的内涵——打造马栏山视频文创产业园。这是一个以湖湘文化为根基、以湖南广电为依托、以"文化+""互联网+"为手段、以数字视频为主导产业的节目内容生产创意集聚区。由此而来，数字音像档案，将在以下几个方面产生效益：

1. 视频产业园孵化平台需要数字音像素材存档。所谓视频产业，就是有几十甚至上百个节目制作团队在产业园工作，每天都有海量的节目素材产生，有几十小时的节目半成品、成品生产出来，这些数字化的节目内容都需要及时进行数字化存档，为这些数字音像档案提供"收集、存储、使用"的服务，就能获得收益。

2. 视频产业园生产出数字音像档案需要跨界营销。每天做出的节目成品以及对数字音像档案二次开发产生的新节目，不仅流通到广播电视播出渠道，而且流通到互联网、移动互联网，流通到公共社区、商店视频墙等，这些营销将产生大量的现金流。

3. 视频产业园生产出来的内容要与大数据对接。通过大数据分析把视频内容精准投放到新媒体的客户端，引导移动用户收看，引发点击

率和广告投放以及流量计费的增量收益。

4. 数字音像档案在园内实现资源融合有偿服务。园区内上百个节目内容生产团队，通过园区可以公开的数字音像档案查询、下载服务，可以丰富节目史料，增加节目的厚重感，提高节目创作的效率，降低新拍摄素材的数量，缩短节目制作周期，充分发挥音像档案的作用。

5. 开发数字音像档案的衍生品能产生巨大价值。例如，湖南广电台下属的芒果互娱公司，通过开发节目音像档案的版权手游、衍生品玩具等，实现2016年收入超过1亿元。此外，游艺园、DVD发行、爆棚节目所对应的图书，都能产生良好的经济效益。

> **案例24 数据开发**

这是由媒体节目内容档案数字化的启发而引发的产业联想。2010年2月，我先后给时任中共湖南省委书记张春贤、宣传部长路建平写信，建议运用现代计算机数字存储技术，建设全省文化资源数据库平台，打造一个全新的文化产业。这个建议得到了领导的重视。春贤书记批示："请建平同志阅"，并在他所关注的地方用粗笔画了线条。后来，省委办公厅的一位领导告诉我：春贤书记很少这样，说明他认可你在信中的一些观点。建平部长批示"请祖烜同志阅。要找几位专家论证，认真研究可行性问题。这个建议很好，也是一个大动作，要认真对待"。于是，由省委办公厅、省政府办公厅、省委宣传部、省广播电视台联合组织了一次论证会，会议邀请北京大学、清华大学、国防科技大学、北京邮电大学以及国内知名专家学者，对项目进行了深入的分析和论证，形成了省文产办的专家论证会议纪要。由于这些材料至今仍有利用价值，所以收录到本章中。

一、写给省委领导的建议信

春贤书记：您好！

拜读了您的《兴起文化建设新高潮　推进富民强省新跨越》讲话，心情十分激动。我在文化行业工作和生活了三十多年，今天的感觉是湖南文化的春天来了，当然也想到文化强省匹夫有责，所以才鼓起勇气向您写这封信，不妥之处敬请您批评指正。

人们普遍认为拉动中国经济的引擎是投资、出口和消费。在去年美国引发的这场世界性的金融危机中，中国以巨额的财政投入和刺激内需等一系列措施，成功地化解了金融危机对中国经济的不利影响，使去年的GDP增长顺利超过8%。

我个人认为，中国的GDP增长率保持在8%以上是国家安全的需要，否则，将会产生大量的失业人口引起社会动荡。由于财政投入不能无限增幅，而出口形势只会更加严峻，为保持GDP增长在8%以上，只能是设法扩大内需。扩大内需最有效的措施有四：一是推进城镇化建设进程（中国为45%，每年增加1%，发达国家为80%以上）；二是建设文化产业拉动大众的文化消费；三是鼓励大宗商品的消费；四是增加低收入者的收入和消费能力（包括增加农民的收入和家电下乡）。此外，在每单位GDP的增长份额中，如何降低能耗和减少排放是中央政府考虑最多的事之一，有效的措施是调整经济结构，科技创新和压缩那些产能过剩、高能耗高排放的行业，发展能有效拉动内需的服务业。显然，

湖南采取文化强省的战略是符合上述逻辑的高明之举。

湖南是一个文化大省，电视湘军、出版湘军、演艺湘军早已蜚声国内外，但至今没有一个收入过百亿元的集团或单位。甚至可以说一个制造业的三一重工，一年收入的增长额就超过电视湘军或出版湘军的全年收入。在文化这个朝阳产业中，作为代表其发展方向的网络新媒体，我省亦没有一个年收入超过50亿元的。究其原因，是因为这些网站所拥有的内容和销售资源都太少，而且又没有像QQ或者盛大那样去经营、去有效地吸引网民消费，所以形不成规模效益。其实，新媒体才是造就万亿元文化消费产业的最佳温床。

在当今世界上，人们往往透过一篇文章或者一段音像资料所描述的一个农民、一个村落的生活习俗、一首口传民谣或一件民间工艺品，来认识一个省、一个国家，这就是文化的魅力，也是文化资源的生命力所在。湖南的文化资源丰富，但有很大一部分还躺在寂静的库房里。如果我们能把它们整合起来，让资源转化为巨大的财富，文化产业的情况就会发生新的变化。

对于文化资源的保护和开发，我已冷静思考了一些时日。今天向您所汇报和建议的这个拉动文化消费的项目，暂且叫作《湘江颂》文化资源数据库（湘江是湖南的母亲河，她孕育了湖湘文化，颂是对文化的赞颂），或称之为文化资源博览网。它是一个拥有海量文化数据的传湖湘文化、中华文化和世界文化的资源性数据库，是一个传承中华文化，歌颂人类文明和启迪人们思考的地方。它是一个用全新思维、全新机制来建设的中英文对照的文化资源性网站，和现行的网站全然不同，它不需要承担每日所发生的新闻事件的报道，它所发布的是那些人们想看的而又不太容易看到的高雅的文化作品。这是一件在中国尚未有人做的事情，但在国外却有成功的例子。

欧洲联合了上百家博物馆、图书馆和音像资料馆，集合了500多万条数据，创造了每天1000万次的网络点击率，因而获得了巨大的社会和经济效益。（此为案例25：数字图书）

我曾做过初步摸底，湖南广电湘军有100万条以上的节目资料数据，报业湘军的文稿数据约150万条，出版湘军50多万条，省图书馆100多万条，各文艺社团50多万条，702卷《湖湘文库》专著所产生的50多万条数据，123个区（县）的人文和景观数据1万条，湖南几百所高校、职院约有200万条数据，加上300万条的其他数据，总共可形成至少1000万条的文化资源数据。如果把这些数据整合起来，纳入《湘江颂》数据库，即可为创造日均1000万次以上的点击率提供坚实的基础和条件。一个数据库拥有1000万次的点击率意味着什么？意味着它将产生巨大的社会影响；意味着它将带来巨大的广告收入；意味着123个区（县）景点旅游人数的增加；意味着它可以在为网民提供无偿服务的同时，还可以P2P的商业模式销售诸如节目、图书，或者苹果手机的万种应用软件，《湘江颂》将参与利润分成。

我以为，目前组建《湘江颂》海量数据库的时机是适宜的，条件也是成熟的。一是数据生产、传输和内容发布已有成熟的解决办法；二是不损坏数据提供单位的利益，相反还会给他们带来巨大的社会影响和经济效益。例如：在《湘江颂》介绍电视湘军100万条视音频资料、报

业湘军 150 万条文稿资料的数据时，人们并不需要担心知识产权、版权或财产的流失问题，因为《湘江颂》文化资源数据库只提供内容简介、索引和低清晰度的节目短片，网民如要完整的资料，则要花钱去电视台或者报社购买，这既维护了相关部门的利益，同时也促进了相关部门的资料利用和效益的增长。

很显然，《湘江颂》是个低能耗、零排放、起点高和建设周期短，并且能够产生巨大影响和效益的文化产业项目，该项目直接投入只需要它年收入额的 1/3，甚至更少。这件事在中国是个创举，也是对民族文化的弘扬。所以，建议将此项目列入省委或省政府文化强省战略的重点工程，并组成精干班子予以实施。

占用了您宝贵的时间，不胜歉意！

顺致

敬礼！

谢　方　2010 年 2 月 11 日凌晨

附件1：温家宝总理关于中国经济发展战略的讲话节选

11 月 3 日，国务院总理温家宝在首都科技界大会上的讲话中指出，"科学选择战略性新兴产业非常关键。选对了就能跨越发展，选错了将会贻误时机。战略性新兴产业必须掌握关键核心技术，具有市场需求前景，具备资源能耗低、带动系数大、就业机会多、综合效益好的特征。目前我国经济运行中的最大困难，就是外部需求急剧减少，而且将来在相当长的时间也很难恢复到危机之前的水平。"

温家宝总理说：选择战略性新兴产业的科学依据最重要的有三条：一是产品要有稳定并有发展前景的市场需求；二是要有良好的经济技术效益；三是要能带动一批产业的兴起。

在谈到信息网络时，温家宝总理指出：全球互联网正在向下一代升级，传感网和物联网方兴未艾。"智慧地球"简单说来就是物联网与互联网的结合，就是传感网在基础设施和服务领域的广泛应用。我们要着力突破传感网、物联网的关键技术，及早部署后 IP 时代相关技术研发，使信息网络产业成为推动产业升级、迈向信息社会的"发动机"。

附件2：中央政治局委员刘云山、刘延东最近关于文化资源的相关指示摘要

2009年10月23日至26日，"FIAT 国际电视资料联合会"在北京召开了2009年年会，中央领导对这次音像资料业的国际盛会高度重视。中共中央政治局委员、中央书记处书记、中宣部部长刘云山，中共中央政治局委员、国务委员刘延东分别向大会发来贺信。

刘云山在贺信中指出，电视资料的保存、管理和使用，不仅能够提升媒体的传播能力，更从一个侧面体现媒体的文化底蕴和社会责任。此次年会在中国召开，必将进一步推动中国电视的整体进步，促进中国乃至世界媒体资料管理事业的发展和提高，并进一步为世界文化遗产的保护和开发做出贡献。

刘延东在贺信中说，本次年会以"全新的世界，全新的媒体资产管理思路"为主题，对于进一步加强国际媒体资产管理业界的交流与合作，促进世界电视资料领域的发展和提高很有意义。

附件3：部分网站的日点击率和年收入统计

网站名称	日平均点击率（万次）	2008年收入（亿元人民币）
谷歌 google	32536	1489
腾讯 QQ	4000	71
百度 baidu	6393	32
搜狐 sohu	1407	29
新浪 sina	3023	25

二、《湘江颂》项目专题汇报

2010年9月15日，《湘江颂》项目建议人谢方在专家论证会上作了专题汇报，题目是《启用当代新技术 抢占战略新高地》，内容包含以下六个方面：

（一）《湘江颂》海量文化资源数据库是什么？

《湘江颂》是一个由全新思路而产生的项目，是一个依靠省委省政府的力量，在充分尊重知识产权和既得利益的前提下，运用现代数字技术方式整合全省文化资源而建设的海量数据库，是一个采用中英文双语通过互联网实现联合发布文化资源及产品的项目。它采用创新增值技术和服务模式，具有库内数据和库外数据同时搜索的能力，以获取巨大的社会效益和经济效益。

《湘江颂》传播湖湘文化、中华文化和世界文化，是一个传承先进文化、歌颂人类文明和启迪人们思维的地方，是一个为拥有文化资源和产品者提供交易的平台，是一个文化的大保存、大创造、大增值工程，是一个兼顾公益和商业的文化产品的大型集市，是一个始于湖南而影响世界的新媒体。

如果用一句话来概述，它是一个"集中资源，联合发布，自主创新，服务多赢"的"两型"项目。

(二) 这个创意的形成起因

这个创意起因是源于省委省政府领导对文化产业的高度重视，源于人们对文化生活日益增长的需求，源于互联网的巨大市场份额。

1. 领导的高度重视

本来我没打算给书记、部长写信。看到这些年，书记、省长和部长们为把湖南建设好竭尽全力，这使我很受感动，自己是湖南人，也应该为湖南文化产业的发展做点事。通过反复冷静思考，我觉得我们必须抢占文化产业新的战略高地，于是产生了《湘江颂》这个创意，它既是应景之作也是一个战略举措，因为它是社会影响巨大、向全国人民和世界人民传播璀璨中华文化和湖湘文化的一个建立在网络上的文化资源博览馆。这就是《湘江颂》创意产生的思想起因。还有一些原因，就是想到了人们对文化的需求和市场的需要。

2. 人们的文化需求

我们买书要去新华书店，花上一天的时间也不一定能够找到你所要

的书。我们借书要去图书馆，想看一看五十年以前的书，但图书馆为保护它们不肯轻易拿出来。我们想查阅一下十多年前在《湖南日报》发表的一篇文章或是在广播电视台被采访时的一段录像，就更不容易，因为这些资料目前只对内部开放。如果通过已有的互联网来解决上述这些问题，我们就会发现没有哪家网站会让你很方便地实现这些目标，各种各样的限制和阅读器让你不知所措，而且每个网站资源都很有限，并不能满足你的需求。正是为了解决这些问题，我们才冷静思考构想了《湘江颂》。

3. 互联网的巨大市场份额

2009年全国媒体及网络的相关数据如下：

全国有线广播电视用户1.74亿户，和2008年同比增长6.10%，全国网民规模达到3.84亿人，普及率达到28.9%，10岁至39岁的网民占网民总数83%。网民的增长率是有线电视用户增长率的四倍多。

全国广播电视广告收入为752亿元，同比增长7%，以此增长率推算，三年后收入为921亿元。腾讯、百度、新浪、搜狐、盛大五大著名网站总收入312亿元，同比增加49%，以此增长率推算，三年后收入为1032亿元，超过当年全国广电广告收入。

全国网游收入256亿元，同比增长39%，以此增长率推算，四年后收入为955亿元，和当年全国广电广告收入持平。

全国网购收入2500亿元，同比增长40%，已经远远超过全国广播电视广告收入。

三至四年以后，网络新媒体的受众影响力和经济收入规模将远远超过广播电视等传统媒体而成为主要媒体，成为影响受众和造就万亿元物质消费及文化消费的主要平台。有人预计，未来五年以内，随着移动互联网、物联网、云计算业务的爆发，将给信息产业和数字文化产业带来十万亿元以上的市场份额。由此可见，广播电视内容所拉动的广告份额是千亿元的数量级，而信息和文化产业的消费市场份额是十万亿元，数量上后者是前者的 100 倍。因此，如果说过去我们的文化产业是依靠"内容+资本"创造了奇迹，那么今后要创造新的奇迹，还必须增加一个新的引擎，即科技，依靠"内容+科技+资本"。其实，新媒体才是造就万亿文化消费产业的最佳温床。

（三）实施本项目的重大意义

1. 有利于社会安定和满足群众文化需求

2009 年，我们党领导人民克服重重困难，开启了中华民族的经济复兴，极大地改善了国民物质生活，造福了世界经济。

然而，在文化领域，人们似乎还没有受到中国先进文化的充分洗礼。没有先进文化，一个民族即使是在一段时间里拥有物质文明，她的物质文明也不可能长期延续，甚至出现社会危机。由此可见，使群众能够吸收到先进文化，既是民族全面复兴的需要，更是民族长治久安的需要。这也是我们党和文化工作者所要考虑和解决的重要问题。困难的事是，现在已不同战争年代和过去，那时一首歌、一本小册子，就可以把大家的思想统一到一个明确的目标上。现在，开会人数最容易到齐的是干部会，最难到齐的是村民会。基层群众参加会议少了，看报少了，听广播少了，甚至连看电视的时间也在减少。同时，无论是在城市、农村或是流动人口中，网民数量都在急剧增加。由于受众数量的增加，网络的影响力越来越大，网络行将成为群众吸收先进文化的主要场所。因此，我们要借助网络的传播力量，集中地为群众提供先进文化。建设《湘江颂》就能够为群众和青少年学习先进文化提供便捷高效的服务，以满足人民群众不断增长的精神文化需求，促进全民素质的提高，安邦定国。

2. 有利于提高湖南文化资源管理水平，促进全省文化遗产和档案事业发展

温家宝总理在今年3月5日所作的政府工作报告中提出，要促进档案事业的发展。文字档案、音像档案、实物档案都是人类宝贵的文化财富和文化遗产。建设《湘江颂》，不仅能够对湖湘文化的保存情况做一次检阅，而且能够使党和政府发现问题并及时有效地抢救处于损毁和流失边缘的珍贵文化资料或文化档案。

3. 有利于宣传推介湖南，树立湖南对外的良好形象

由于网络无国界，通过《湘江颂》海量数据库和网站，可以将湖南历史文化和现代文化集合起来，让全国人民和世界人民在这文化的海洋里，感受湖南文化的特有魅力。

4. 有利于文化资源开发，形成湖南全新的文化产业

《湘江颂》既是一个集合全省文化资源的海量数据库，又是一个为

全省各文化部门的产品提供展示和流通的超级平台。如果运作得法，将会产生巨大效益，然后产出回馈产业，使我省文化产业获得更大发展。

由上可见，办这件事情很有意义，它不仅能对全省文化资源进行一次大盘底、大抢救、大开发、大利用，而且这事在中国还是一个创举。湖南人敢为天下先，只要我们先人一步，各种资源就会滚滚而来，取得经验还可以向全国推广。

（四）可行性分析

1. 环境分析

（1）有省委省政府领导的高度重视。在文化产业的建设和发展上，周强书记多次到第一线调研并告诫我们：我省的文化产业遇到了难得的历史机遇，机遇稍纵即逝。省委副书记、代省长徐守盛强调：文化产业发展要加大资金投入和项目储备力度。建平部长指出：文化体制的改革和发展要以老百姓为本。这是党的宗旨在文化领域中的最好诠释。开朗副省长鼓励我们：不但在国内做得更好，还要做到国际上去。总之，省委省政府领导为湖南文化产业的跨越式发展，营造了最好的政治和政策环境。

（2）有丰富的资源。湖南的文化资源是一个富矿。从炎黄、唐汉、明清到当代，伟人辈出，湖湘文化光辉灿烂。湖南的文化资源又是一个散矿。它分散在广电部门、出版部门、报业部门、图书馆、博物馆、演艺团体、院校、各县市、各文物景点等。显然，如果没有省委、省政府

的力量，我们就不能完成对这些文化资源的规模化集中。

（3）有技术条件。这个建在网络上的文化资源博览馆（数据库和发布平台）所需技术条件都已成熟。它的技术系统是计算机海量音视频存储、图文存储、网络发布和电子商务等技术的集合。湖南广电、《湖南日报》等，都已先后建成了音视频资料和文稿的数字化存储的数据库，为网络化传送文化资源打下了一定的基础。新建的300万亿次长沙超级计算中心还可以为本项目提供运算支持。

（4）有资金。启动这个项目需要5000万元资金，完成这个项目约需3亿元资金分三年投入，所需资金可以通过多种渠道加以解决。

需要指出的是，《湘江颂》成功与否关键在两点，一是在于文化资源能否集中；二是在于能否形成资源的强大发布能力。因此，为做好《湘江颂》，必须把它列为书记、省长和部长关于文化建设的专项工程，使它能够得到最佳的运行环境。

2. 市场分析

（1）市场需求

首先，网民增长空间大。根据分析和调查，网民近三年至少还有3亿人数以上的增长空间，尤其是移动互联网用户增长潜力巨大。

其次，网民需求出现新变化。一是网民增长呈大龄和高龄化趋势。10岁至39岁的网民占网民总数83%，年龄向高龄化方向移动。这一类网民对资料的查询、网上阅读的比例在不断上升。二是老一代网民开始出现自我展示及游戏疲劳，渴望获取新知识。

最后，国外已有成功典范。欧洲 2005 年启动欧洲数字图书馆（Europeana）项目，就收到了良好的效果。

数字文化产业是一个朝阳产业。它的总需求，或是它的搜索竞价排名、资源需求、增值需求、游戏和广告需求都在快速增长。《湘江颂》作为一个内容加科技的项目，如果运作得当，就能从需求中获得巨大收益。

我们甚至可以把它做成网上的文化航母，做成网上的东方好莱坞、迪士尼，做成中国人民和世界人民喜爱的先进文化的精神乐园！

(2) 项目定位

首先是内容定位：除前面讲述的湖湘文化、中华文化和世界文化资源博览的特色之外，还辅之以多种文化产品流通、多种增值业务，以增加平台的吸引力。

其次是受众定位：受众网民年龄段可拓宽到 10 岁至 50 岁之间，受众网民的职业结构以党政机关事业单位工作人员、学生、专业技术人员、公司职员、个体户为主，他们约占网民总数的 75%。

(3) 商业模式

指导思想是公益为主，商业为辅。或者说是事业为主，兼顾产业，力争搞好形成一个大产业。因为，这个数据库将纵向囊括湖湘文化五千年的文明，横向包容湖湘文化的方方面面，例如广电、出版、动漫、演艺、院校、文库、县志、旅游、饮食，等等，是一个承载历史、教育人民，服务国家的重要文化阵地，具有明显的公益属性，所以要坚持公益为主。其次，要充分运用这一平台合理盈利，创造条件形成一个大产业。

(4) 运营模式

本着"资源共享,利益均沾"的原则,由省里扶持组建股份制形式的总公司,各市州及相关省直单位成立分公司,实行"统一建库建站,统一经营管理"的运行模式。

《湘江颂》项目要坚持两个效益并重,社会效益优先。要整合全省文化资源,促进资源的更好保护和利用。要充分尊重文化资源拥有者的知识产权,维护他们的利益,帮助他们将资源转化为财富。文化资源中有许多是档案资源,档案资源中有许多可以作为文化资源加以开发和利用。因此,要充分发挥档案主管部门的作用。档案行业首先是一个事业,又可以做成一个产业,但要注意管办分离。

《湘江颂》具有它的特殊性,省内网站没有的文化内容它可以做,省内网站已有的文化内容它可以推介,实现多赢。它强调立意创新,既要反映时代的特征,又要有传统文化的元素,它富含文化资源,但又融入现代元素。立意创新要贯穿于整个库站系统。

《湘江颂》必须引入市场机制,而不能由政府包办。它的领导层必须由综合素质高、协调能力强、有事业心的人担任。

3. 投资、回报与风险

(1) 投入

《湘江颂》三年累计总投入为3亿元,投资主要分布在核心机房、站点设备、网络租用、软件开发和人力管理等方面。这些投入中的大部分(包括编目生产),其实已经存在于各有关单位(媒资、数据库等)。

我们用相当于资源价值3%左右的投入,来保护、盘活和开发以百亿元为其价值计量单位的文化资源,是非常合算的事情。

(2) 回报

《湘江颂》是以公益为主的项目,但仍要兼顾商业回报。总体目标是:用两年时间培育市场,力争从第三年起开始盈利;第五年收入在5亿元以上。同时,《湘江颂》要进入国内十大知名网站的行列,并成为全球知名的传承和弘扬中华文化的网站。主要营销项目:一是板块(文化街)的冠名和网上文化店铺冠名拍卖;二是做好网站内容,获取高额点击率,获取广告收入;三是对部分文化资源进行有效开发,通过文化资源和产品流通及互动商务模式产生收入。

(3) 风险应对

《湘江颂》如果能够维持正常运作,当然最好不过。但如果不能维持正常运行,遭遇风险,则要设法克服。

风险主要指政策风险、管理风险和市场风险。通常,前面两者风险问题都不大,主要问题在市场风险上,而克服市场风险主要依靠三个创新,即产品创新、技术创新和营销创新。

(五) 需要省里给予的条件

1. 对全省文化资源的数字化整合决心;

2. 政策支持;

3. 5000万元启动资金;

4. 相应的项目用地;

5. 项目正式推出前一个月全省媒体的推介。

（六）实施的初步想法

拟分五步走：

第一步，搭建筹备班子，组建相关机构。

由于《湘江颂》融合全省文化资源（或者说是联合全省文化资源，联合发布全省文化资源），会涉及各方关系与利益，为便于开展工作，建议成立由省委、省政府领导牵头，相关单位负责人参加的领导小组，下设筹建办公室（直属省委宣传部管理）。

第二步，搭建技术平台，整合全省文化资源。

主要解决两个问题，一是理顺资源调度关系；二是建立技术平台，开展数据提取和生产工作，向数据库录入海量文化数据。

第三步，组建股份公司，建立管理体制。

实行公司化运作实际上有三种选择方案：

方案1：参照湖南发展投资集团（省财政与国土厅合作）、湖南高新创业投资有限公司（省财政与省科技厅合作）、湖南中小企业担保有限公司（省财政与省经委合作）、湖南财信工程投资担保有限公司（省财政与省建设厅合作）的模式。由省财政和相关厅局注资组建数据库投资公司，然后，市州及省直相关单位参股（市州及省直单位已投入的硬件部分可评估入股），也可吸纳社会投资者。

方案2：由省广电台作为发起单位组建有限公司，有关单位参股，省里给予扶持。

方案3：省里只给政策，由有兴趣、有实力的国有单位或民营企业来运作该项目。

第四步，建立网站，正式运营。

网站开始发布和运营《湘江颂》数据库的内容。

对于这个以公益为主的项目，在商业上我们的考虑是：政府扶持三年，然后自给自足。第一年准备，第二年启动，第三年大发展；第二个第三年上市。

第五步，建设湖湘文化（产业）博览园。

由《湘江颂》为主推项目，由此而引发"湖湘文化博览园"的建设，博览园内设五千年湖湘文化博览馆、湖湘领袖博览馆、当代文化湘军博览馆、湖湘文库、湖湘文化数据库、古今湖湘步行街及休闲设施等，力争将湖湘文化博览园建设成为传承湖湘乃至中华先进文化的场所，弘扬中华民族崇高精神和对人们进行爱国主义教育的基地，人民群众乐于游玩的寓教于乐的文化家园，湖南文化产业的新标志。

各位领导和专家，2007年起至今，"淘宝网"创造了年增100%的网购奇迹，今年它将达到4000亿元的规模，而我们却可能创造一个传承、弘扬中华文化的另一个网络奇迹，为中国文化产业写就新的一页！我的发言到此为止，耽误各位宝贵时间，谢谢大家！

三、部分专家及领导对《湘江颂》的评价（按会议发言先后排序，职务均为时任职务）

（一）清华大学新闻与传播学院常务副院长、教授　尹鸿　发言

听了谢方先生关于《湘江颂》的阐述，我才比较完整地、仔细地来思考这个问题。我就说两层意思，第一层意思从我的意义上来讲，我说一件事情该不该做，是指是不是在正确的时间做一件正确的事情，我觉得这是我们先说这件事该不该做的第一层意思，因为许多西方经济学家在判断说中国的经济奇迹的时候，可以肯定它是在正确的时间里做了这么一件正确的事情。

1. 正确的时间做一件正确的事情

那么对于我们这个项目来讲，这个项目是一个在数字化、信息化的大背景之下，在网络时代里，在三网融合的信息大环境下，所做出的一个重要的项目的选择。我是北京市委市政府的文化顾问，也参与过很多省的文化产业规划，但是大多数省的文化产业基本都还在做实体文化产业，比如说影视基地、园区等，当然也有一部分是做产品的，但也是有型产品，比如说旅游产品、影视产品，等等，但是我觉得我这次看到的特别新鲜的一件事情就是，我们这次做的是一个虚拟产品，以信息化平台建立起来的这么一个文化产品、平台，我觉得这是一件有创造性的事情。因为湖南在文化产业方面有自己非常突出的成就，无论电视湘军、动漫，还是出版业，都非常有创造性，我自己有本书也是在湖南出的，湖南美术（出版社）给了非常优厚的条件，出得非常精致，一本书卖200多元钱，而且确实它也能够盈利，湖南在整个传媒界来说是非常有创造性的，这个我觉得在全国文化创意项目当中是非常有特点的。所以，我说，这个是在三网融合的信息大背景之下的一个选择。第一，我觉得是在正确的时间做一件正确的事情。

第二，湖南有很多文化资源，这些资源需要一个方式、一个平台来进行传播、集成，湖南的近现代政治资源非常丰富，都分散在不同的地方。湖南的两大资源都非常丰富，第一是政治文化资源，因为近现代出了太多的政治名人，而且这些人都影响中国历史和中国进程，其实和他们有关的很多虚构、非虚构的资源都非常多，但这些资源一直缺一个平台来进行传播，这是一部分，然后还有一部分是湖南的民族文化资源非常丰厚，这一点大家也从近现代，从沈从文写湘西风情开始能了解到，湖南其实都一直为中国近现代文化提供了非常丰厚的民族文化资源，这部分资源目前来讲在国际上也都具有一些共享性和可能性。所以资源上，我们是有些条件的。

第三，确实在信息社会，我们今天通过一个虚拟世界来传播集成文化产品是一件非常重要的事情。

现在世界先进国家都在做这件事情，像大英博物馆早就实现虚拟化了，故宫也正在做虚拟故宫，实际上现在我们用虚拟化的方式来传播文化产品，包括实体的东西都转成虚拟的东西是个大趋势，所以如果湖南做这件事情，在中国是个风气之先，它有引导性。这是我讲的第一层意思，就是我们在正确的时间做一件正确的事情。当然，第二层更重要的事情就是要有正确的方式来达成正确的效果。

2. 用正确的方式来达成正确的效果

这个有一定的难度，刚才我们说选择做一件正确的事情，那么就需要一个正确的方式来达到我们正确的效果。我觉得可能有几层意思，第

一，运行。因为我们要确定一件事情，就是谁来出资、谁来运行、谁来使用，那么这个可能是我们必须要考虑的核心。当然啦，谁在使用就决定了是谁在付费。谁来出资，前期可能还比较简单，我们可能是政府和市场融资一起来运行，一起来帮助它推动起来。当然，即便是出资，那么主体的运行非常重要，但我还是觉得它一定是一个政府支持下的市场主体来运行。而且一定要是一个责权利分明的，最好是现代企业支持之下的一个公司主体来运行。这是一个方面，当然我觉得关键还是谁来使用，这就决定着我们的定位，因为现在我听下来的这个项目有两种功能，一种是公益服务的功能，它更像是图书馆，只不过它是一个虚拟的数字图书馆，当然这个图书馆是一个多功能的图书馆，它不仅包括文字数据，还包括大量影像、视听的数据，这是一个功能，就是我们把所有的，不论是文字还是视听的文化资源，都转化为一个多功能的数字图书馆，但是数字图书馆的存储和服务功能总体上来讲，应该是公益性的。因为我们国家有几个，比如说我们清华同方做的期刊数据库，那都是国家工程，因为清华承办了好几个重大的数据库，但是这几个重大数据库的特点都是国家支持，靠自己没法长期运行，因为它（需要）大量的(资金来)维持。对于这样一个平台，牵扯到上下两个环节的问题，上游谁来提供内容，下游是谁来提供使用的渠道。因为数据库归根结底就是一个仓库，谁把东西存进去，而存进去的东西通过什么渠道被使用者得到，这就成为两个特别关键的问题。不然，发现仓库里我们需要的东西都装不进来，而装进来的东西又送不出去，那这个仓库可以说是没有用的。所以还要考虑到将来这个数据库的上下游，一定要跟湖南乃至全国内容和渠道的运营机构进行资本合作。它们一定是利益相关体，没有这个利益相关体，就得不到这些东西，所以它一定不能是孤立的、独立的存在。就是上游一定要有内容供应商，当然首先是湖南的，其次是全国的，至少广电要参与，至少我们的湖南广电要参与，广电的优质内容，包括我们的一些电影素材，一定可以结合。包括跟相关的文化厅、局要有合作，这是第一。第二呢，是它的下端，我觉得一定要给电信、网络公司，现在因为湖南有线电视网的整合在全面方面也做得比较好，所以下端渠道端一定要跟电信的和有线电视网密切联系，最后在我们三网融合的平台上面要找得到我们这个数据库的出口，就是说我们这个数据库一定是通过这个终端被获得和销售的，如果做不到这一点，将来这个数据库的上下端都是堵着的、死的。它就是很大的麻烦。所以，在一开始的设计上面，一定要把上、下游打通。一定要把这些利益相关者捆绑在一起，那么我们这个正确的事情才会得到一个正确的效果，至于这些方面，我觉得，前期发展阶段可以是以公益为主，兼顾市场，但是一定要打下未来走市场的所有的进程设计和制度基础，一定要做好。尽管我的前期可能是政府投资，政府资助或支持了一部分，包括北京的有线电视网为什么数字化转化比较快，其实它也是走了这条路，就是用政府的帮助，一开始带有公益性，我们来搭建一个平台，搭建完平台之后逐渐把它推向市场，然后政府逐渐退出，让它市场化运行。当然最终，《湘江颂》带有非常强烈的地方色彩，它将来可能成为一个品牌、一个拳头产品，当然真要想做好，它是通过数字化产品的特点，互联网的互通、互联，没有疆域、没有国界、没有区域界限，所以最终它通过一个地域性品牌要创造一个互通、互联的，更普遍性的，或者说具有更大市场的一个平台，这样才会有更大的发展空间，因为这跟过去原来的一些有形的网络销售完全不一样了，过去这些网络受到的区域性限制很大，但是通过虚拟世界，它互通、互联以后，想要做成纯地域的都不可能，你要是做成纯地域的，那别人就会来影响你，就会介入你，所以说，这个方面将来是有很大空间的。所以，我最后的结论就是，一颗好种子，还需要足够好的阳光、雨露、水分等条件来让它成长好。这样我们这件事情在全国应该也具有很强的示范意义。

（二）北京大学新闻与传播学院副院长、教授　陈刚　发言

我听了谢方先生关于《湘江颂》的构想，当时感觉就特别振奋。我觉得谈得非常好，我就再谈一些稍微具体一些的想法。

1. 对项目的整体感受

可能大的方面大家的感受是相同的，就是这个事非常好！而且有非常重大的意义。这个重大的意义从各方面可能都有，比如说从文化产业方面的意义，从实体转向虚拟，因为实体现在就是一个产业园或者房地产的一些概念，但是真正的文化产业必须要适应社会发展的趋势，怎么样把它做实，真正的做成文化。像我们这个项目，我觉得目前在国内来看，它是一个非常重大的探索，而且有非常多的创新，再一个呢，从文化的发展和文化管理来看，我们这个项目是创新的，而且是适应整个社会发展趋势的。那么像《湘江颂》这一个数字平台，对整个我们在探讨当代社会如何更有效地进行文化管理，然后推动文化发展，这个可能是政府部门或者我们文化行业非常多的人士共同关注的，所谓文化管理的创新其实就是比较强调传播的管理，什么意思呢，因为互联网的发展特别快，趋势大家特别清楚，它是当代主流的传播形式，因为在2009年我们的网民规模第一次超过了25%，今年已经超过30%，而且正在逐步地、进一步地扩散，这个变化同传统的传播环境不同，非常大的不同就是信息特别多，发布主体特别复杂，发布信息变化速度特别快，而且是跨越地域的、跨越时间的一种传播。所以文化管理部门怎么办？我觉得《湘江颂》第一个意义就是对整个的湖南文化传播进行一种管理。因为关于湖南各类的信息，各类的网络平台非常多、非常杂，在百度上搜一下，条数非常多，这里面的信息有的非常好，有的做得很乱，所以对一个用户来说，了解湖南，要寻找跟湖南有关的信息，这个时候他就很茫然。所以我们要打造这么一个平台，从管理的角度，从文化的管理来看，我觉得这个是适应这个趋势的，而且也是目前在管理层面走在前沿的。

那么，再一个就是，怎么样改变文化管理、文化宣传的观念。在互联网上宣传，必须要做，但是怎么样做到真正的产生效果，这同样是一个难题。就像我们非常多的新闻类的网站，其实现在投入非常多，但是就是效果非常不理想，有些新闻类网站点击每天大概不超过100次，这一类的新闻网站其实都是属于八大新闻网站，那么这些网站价值在什么地方？我们这个平台定位非常明确，不是一个宣传（平台），这是一个交流和沟通的平台，那么，这种观念，这种发展，我想这对将来湖南文化的发展也是非常重要的。那么在互联网上，其实将来最重要的不是搭

建渠道、不是打造平台,而是怎么让有价值的内容在互联网上能够发布出来,能够扩散出去,这个是非常关键的。我们这个平台为什么对文化的发展特别重要,就是(因为)我们将来是有特别有价值的内容来支撑的,就(是因为)将来我们应该是有些不可替代的内容,只能通过我们这里来了解,那么这样的话,整个竞争力就非常突出了。那么从这个文化发展和管理的角度,我自己目前的感受是,其实我们在做的是一个数字湖南,而且这个数字湖南呢,偏重于不仅仅是像谷歌地图,或者是一些虚拟的地理层面的湖南,而是要把它变成一个丰富多彩的文化的数字湖南,(这个项目)做起来,对我们将来湖南文化的发展,湖南形象的提升,湖南整体竞争力的提高,我想都是意义非常重大的。还有一个问题就是这个平台是一个非常丰富,非常富有生产力的平台,第一个特点,它是一个文化保存的平台。我觉得首先这是一个保值、保存的平台,大量的文化资源,无论是实体的还是虚拟的、精神层面的都是非常零散的,那么怎么样把它延续,把它储存下来,我想我们这个平台首先是一个文化保存的平台。第二个特点,它是一个文化增值的平台,这些平台现在有的文化内容,有的价值在一定层面得到实现,比如说湖南卫视的一些节目,现在在电视的层面得到了实现,但是还有更大空间实现,那么这个空间将来可以利用这个平台来完成,还有一些文化内容的现在没有实现的价值,也可能散落在非常偏远的文物馆里面,那么通过这个平台也可以增值,所以它是一个文化增值的平台。第三个特点,它是一个文化创造的平台,它不仅仅是一个被动的保存,然后市场的增值,更是当代湖南文化不断创新、不断发展,然后形成更多的内容,产生更大影响力的这么一个平台。那么这个部分，可能是会聚了无数热爱湖南文化、关注湖南文化、有志于湖南文化发展的人士，把他们会聚在一起。因为除了文化档案馆现有的文化资料外，在互联网上更大的可能是用户创造的内容，就是非常多的人参与进来以后，那么在这个过程中我想逐渐会有一种，更加明确地反映当代湖南特色的文化的网站，这里面，相信会有非常多的人。中国人实在是太多，而互联网是超级大的，互联网它是把所有网民的智慧都汇聚在一起，富有生产力的这么一个平台，所以从这个平台的特点来看，我想这个价值可能体现在这三个层面：一个是文化保存，一个是文化增值，再一个是文化创造。

2. 解读湖湘文化数据库

那么到底我们这个文化是一种什么样的文化？关于湖湘文化，我一直在思考这个问题，我觉得其实这个问题更加明确，就是什么叫《湘江颂》，什么叫湖湘文化，怎么样理解《湘江颂》和湖湘文化。湖湘文化不仅仅是湖南的地域文化，比如说像湖南卫视的节目就是湖湘文化，因为它很多内容可能涉及全球各个地方，所以我觉得是一个文化的多元、文化的丰富，但更重要的是要反映湖湘文化的主流、湖湘文化的调性和湖湘文化的风格，那么这个主流调性的风格可能要在全球视野、盛世中国这个背景下，实际上是把湖湘文化的历史、当代进行展示，进行分享、进行传播，然后共同塑造我们这种未来。那么，从意义上来说是特别巨大。我们非常清楚现在做的内容就是与湖湘文化有关系的，而且我

们都热爱湖湘文化，对湖湘文化的感情非常深，但是在网络上，在传播层面，可能要考虑互联网的特点。那么空间巨大了，我想这个也是将来无论从市场的角度、需求的角度，都是可以放大无限想象力的。

我们这个《湘江颂》的功能性是突出的，将来我们大量的数据库只有我们有，必须要用，你要研究湖南，要关注湖南，或者研究当代文化中最重要的特点，那么我们是不可替代的。娱乐性其实也有，就是我们的主流文化，游戏可能将来这一块更多的是商业性，从我们的角度，将来一定要在经营上把娱乐性（突出），至少让很多的网民看到的时候觉得好玩，可能在这方面要多做些功夫，多挖掘一些东西，可能要刻意地做一些事情。那么这方面其实是我们湖南文化的一个特点，也是湖南传媒的一个特点，这个可能湖南在全中国是最有力量的。将来的深度开发，利用数据库再做一些湖南研究的分析、整理。怎样组织大型的文化活动，利用我们这个平台来搭建，所以从需求来看是没有问题的。

从收入来看，其实互联网现在的收入主要分为三块：1. 电子商务：淘宝、B2B京东商城的这一类平台，淘宝现在实在是太恐怖了，它是中国的一个创新，也是全世界的一个怪物，在国外互联网看来都是一个怪物，讲腾讯是个怪物，淘宝是个怪物，淘宝占中国电子商务80%多的业务，现在互联网有一类超级巨无霸，例如腾讯，其他所有的平台没办法跟它比，中国90%的网民都耗在腾讯聊天工具上。我记得2008年，那时候他就认为中国有3.9亿网民，我们去年年底公布的是3.8亿，2008年他就认为有3.9亿了，那么这个是巨无霸。然后淘宝是巨无霸，所以

第二章 内容产业

我们将来要做巨无霸，就是一定要做成一个超级的东西，当然，这是最终目标，最终目标要做成巨无霸，你一开始的定位就要比所有的平台要超前，要有前瞻性。而且淘宝现在是进一步地放大它的价值，在今年上半年，淘宝的网络广告收入已经排名在第二位，过去它在广告这一块是排不上前几位的，但是今年上半年，排在第一位的是百度，淘宝已经排在第二位，超过了新浪，就是纯粹的网络广告，因为腾讯是不靠网络广告赚钱的，腾讯的网络广告大概只占它的10%左右。电子商务这一块，一个是营销收入，我们所说的广告，帮企业做宣传的收入，这部分是第二类收入，这部分收入，我们一直认为五年之内会过千亿元。所以，五年之内网络广告的收入会过千亿元。有些内容我们费了很大工夫把它生产出来，它必须要收费。在国外，像《纽约时报》，现在付费的数量已经占到它收入的30%。这三个收入，我们都要有。一个是营销传播的收入，将来我们会有这个，我们这个平台做得非常大，要影响我们的湖南企业，一定要利用我们的平台投广告，然后我们的湖南企业要跟其他层面接触，尤其是全世界热爱湖南、想要了解湖南、想到湖南来旅游的这部分（人），都可以利用这个平台。内容毫无疑问，我们的数据库有内容，网络平台是几个层面的，不是所有的数据都需要上网。我们有不可替代的内容，形成一定的形象力之后，可能有一些内容必须要上网，有一些内容上网是希望做宣传、做推广，有些内容是必须要收费的。然后电子商务，我一直在想，首先第一步是湖南的旅游资源，让大家在这个平台上展示，直接购买门票，直接有一条龙的服务，这个东西马上就可以变现。因为中国的旅游电子商务刚刚起步，而（从）全球来看，这

个趋势是必然的,所以从这个层面,我觉得我们也是有非常大的空间(的)。然后从经营模式来看:政府一定要支持,政府一定要帮助搭平台,然后逐渐培育它成长,在起步政府必须给予支持外,还应该有一些社会资本来介入,上市可能是一个步骤,有没有可能成立一个湖南的基金,就是政府推动吸引社会资本,利用这个基金来更快地推动这个平台的发展。因为从文化发展、文化管理的角度,我们这个平台肯定是非常重要的,不光是一个商业性的网站,从湖南文化的管理来说,是非常重要的。然后从可操作性这一块:现在大家有非常好的想法,思路现在也很清楚,想法也很多,应该说这是一个操作性非常强的项目。

总之,我想,《湘江颂》从对湖南文化发展来看,是意义非常重大的,从整个未来的发展空间来说,是将来对数字或者说对新的传播领域、新的交流平台,都是一个特别有意义的巨大探索。

(三)北京邮电大学电信传播研究中心主任、教授 曾静平 发言

上次谢方到北京来,我和他在北京就交谈过,我说其他任何事都可以推掉,这个事情,我一定到家乡好好来学习一下。有几个思考。

1. 这个项目符合我们国家的战略。国家的经济实力举世瞩目,我们在做的就是提高文化软实力,我们做了大量的事情,要从这个方面来扩大自己的影响,比如现在孔子学院的建设,挣钱是次要的,扩大中国影响、传播中国文化是主要的,包括现在,原来是央视网,后来改名叫国家网络电视台,新华社现在也要做电视、网络建设的事。我们跟整个国家的大发展、大战略是相吻合的。

2. 各位专家都提到了,三网融合给我们创建湖湘文化资源数字平台创造了一个非常好的条件。我们可以跟三网融合对接起来,如果只是在传统媒体时代,那我们搞这样的东西可能会遇到很多的阻碍,或者我们的功效未必发挥得出来,那么,现在是我们大展宏图、大展身手的时候。

3. 我认为,契合湖南的文化产业发展蓝图。湖南现在做的文化产业(项目)有几个是跟我关系比较大的。一个是快乐购。快乐购是作为湖南文化产业支柱来发展的,所以快乐购的发展现在走在全国所有电视购物的前头,无论从营销规模管理的科学性,包括全国市场的创立都做得非常好,现在唯一能跟它相提并论的是上海的东方购物,它借今年世博会的机会可能会跟湖南快乐购的收入打个平手,他们俩今年收入都是大约40个亿元。我试写了国内第一本电视购物发展报告,是中国电视购物行业标准起草小组组长,所以,这一块我了解到湖南搞的都是大手笔,我们这个应该是更大的手笔。湖南还有一个跟我相关的就是《体坛周报》,《体坛周报》最早就是周克臣搞的,他那时属于宣传部下面的一个干事,后来他搞的《体坛周报》是很小的一张报纸,原来我还在乡下,那时候老师们和学生们都要读那个报纸,现在做到了全国体育综合类报纸的老大,中国体育报根本不在话下,你们这些(同志)都太年轻,热爱体育的老同志应该知道我的名字,原来很多头版头条都是我写的。我说湖南人为什么能做好,就是眼界开阔,他请的记者都是全国最好的,谁有名就请谁,现在做到全国老大,现在基地也搬到北京去了,这个报纸做起来反映出湖南人做传媒还是很厉害的,我们湖南人做网络在国内也是非常有名,例如"华声在线"。我在写《中国网络竞争力研究报告》时,当时做了一些调研,是中国互联网协会的一个课题,后来发现也搬到北京去了,所以,咱们这个湖湘文化数字平台建设是我们整个湖南文化产业发展的蓝图中浓墨重彩的一笔。从这个意义上说,也是非常了不起的。

4. 我想这是创建网络文明、丰富网络文化的重要举措。我们湖南文化,它影响太深远了,有件事情对我触动很大,泰森访问中国的时候,他的随行人员包括国家体育总局的接待人员,没想到他第一站是要到韶山去,再仔细一看,在他的胳膊上文了毛泽东的头像,这个事情,就意味着湖湘文化影响的不仅是我们湖南,或者湖北、安徽,它影响着的是全世界。这些事情不胜枚举了,我当时做体育记者去黎巴嫩采访的时候,我们一行记者在黎巴嫩超速开车,警察把我们拦住,拦住之后我们说(自己)是中国的记者,警察对我们还凶神恶煞,我们就说是毛爷爷故乡来的,立马就给我们跪下来了,他们都一直叫毛爷爷。这种影响真是我们难以想象的,不仅给我们马上放行,而且给我们提供了很多便利,还给我们送礼,说(因为我们是)毛爷爷家乡来的人,这个对我的触动非常非常之大。这件事情,我想我们把精髓挖掘出来,把我们的民族瑰宝展示出来,这个题目是毫无疑问有意义、非同凡响的。

那么还有几点建议,刚才各位已经提了很多了。我想第一个建议,从定位上面,王台(王本锡)已经讲了一些,这个可能还要专题去讨论。那么第二个层面上就是品牌形象要怎么推出来的问题。我们不能够说自我欣赏、自我陶醉,这不行,我们是要走向市场、走向社会、走向

第二章 内容产业

世界的。我们的英文域名要简单，当然现在往往好的域名已经被抢占了，那我们也要去思考，所以中英文域名方面可能我们要花时间和精力，甚至于还可以在大致框架定下来的背景下，向全世界、全社会广泛地去征集，因为你征集的过程实际上也是在扩大品牌影响力。这是第一个建议。

第二个建议，我们湖湘文化不要局限于湖南这个版图，我们的视野一定要是国际化的，爱好湖湘文化的人都可以纳入我们这里，进入我们这个湖湘文化数据库和平台当中，这个是很重要的，这样的话，我们的用户、市场、空间就会扩大得很大很大，变得无边无际。就是我们提到的海量，这就是海量，不然就达不到海量。

第三个建议，我们在湖湘文化数据平台建设上要充分把握好时空跨度，我们这个时间到底从哪里开始，能够找到的资料是否都可以进入这个资料库里面来，进入我们这个数字平台上来，这个一定要考虑得比较清楚。有一个美国的网站，可能会对我们有点启发和启示，那就是XM Satellite Radio网站，各位有兴趣可以看一下，它现在做的就是一个音乐平台的内容数据库建设，他把美国20世纪以来各种各样的音乐集中在一个网络平台上，比如说爵士乐，20年代的爵士乐，八九十年代的爵士乐，21世纪流行乐分门别类地归纳好，它现在每年的订阅用户大概是在1200万左右，每年收费150~180美元，我给它简单算了一笔账，它这个收入超过了中国所有广播电台的营业收入，做得非常出色。

第四个建议，我们在建设这个数据库的同时，也要考虑三网融合时代的大媒体传播资源、传播渠道。不要局限于只做网络建设，比如说体

育电视节目,这是大家都很欢迎的,我们的调研也发现,体育电视节目,特别是现场直播,是新媒体里面观众最欢迎的一个内容,包括屏幕那么窄的手机,要有NBA、世界杯的现场直播眼睛看瞎了也在看。我提出了四个版本,同样一个内容。(1)主队版。因为体育的观众都有一种倾向性,比如有人喜欢科比,有人喜欢纳什,那我做两个版本,尽量满足你的个体需求,满足这种碎片化、分众化的需求。(2)客场版。还有一些喜欢湖人的,那我就满足湖人球迷的需求。(3)中立版。传统电视中出现的,公证版,不偏不倚,尽量公证平衡,是中央电视台现在干的事,但是这种挨骂也是比较多的。(4)我后来觉得还有一个版,那就是原生态版。不要解说,就把原生态的声音传出来就行了,比如说刚刚打完的美网,观众最希望的就是不要解说。那么我们未来湖湘文化这个平台建设也有各种版本,因为湖南有很多方言,把这些结合起来,可能会很有益处。

第五个建议,要全面开发和整合湖湘文化的资源。那么整合的过程一定会有的重要话题,就是要讲究传统媒体和新媒体的呼应与联动,这跟我们前面提到的品牌建设可能又会有密切的关系,因为一个新东西出现,它需要一个成长的周期。有一本报告没有给各位专家、领导送过来,是我花了两年时间跟央视-索福瑞一起做的广播电视网站研究报告,这个可能会对我们整个网络数据平台建设有一些帮助和启发。

5. 网络的成长有一定的周期,我们要尊重这个规律,所以我们既要有雄心壮志,还要脚踏实地,不要急于求成,可能会碰到很多的问题,不要一定要搞个一二三,一年怎么着,第二年怎么着,不一定,也许会快一些，也许会慢一些，但是我们的方向对了，我们的力量聚合在一起了，整个的发展肯定会充满生机活力，我们肯定会成功。这就是我的汇报。谢谢大家。

（四）国防科大网络工程系主任、教授　徐明　发言

今天跟各位分享以下三个方面的问题，第一个就是后信息化时代的需求；第二个就是开展这项工作的技术可行性和从计算机网络工程的角度来给大家一些建议和探讨一些方面（的问题）；第三个就是进行这项工作其他方面的一些建议。

首先，就是关于后信息时代，或者说互联网络技术发展了20年以后，目前的这样一种态势。从当时发明互联网，1990年前后，实际上是科学家自己在实验室里自己玩，互相之间的一些信息沟通，这样一种技术到了美国人手上，把它包装成为一种普通大众都可以使用的技术，最开始他们也没有预计到今天会对经济，对社会的动作模式（产生）如此大的改变，要不然就不会出现IPv4地址到IPv6地址的转变，大家知道IPv4地址是32位的，现在的IPv6是128位，换句话说，世界上每一粒沙子都可以在IPv6上搞到他的地址，这就说过去没有想到今天的发展。今天，我们进入后互联网的时代，对未来的发展，我们更要有一种前瞻性，不能说过去怎么样，今后就怎么样。为此，我们就看看目前的态势是什么样的吧，刚才各位已经有统计数据，2010年我们的网民数目已经将近4.2亿，普及率32%，其中手机（端）的网民达到2.77亿，在国家的八横八纵的光缆中，全国骨干设施基本上是高密度的部分复用的光纤，这就是说全国的信息高速公路是建立在高带宽的光纤基础上的，那么仍然会按照超摩尔的定律，也叫吉尔德定律，也就是说基本上是每10个月翻一番的速度在增长，换句话说就是你根本不用担心带宽不够的问题，只是说你的高速公路上要跑什么车，你的内容是不是更加的丰富。我们也查到相关数据，现在全国网上，每天的博客是300万篇，广大的人民群众希望在网上共享知识财富，得到更广泛的信息，当然也包括娱乐，他有对知识也好，信息也好的知情权、参与权、表达权和监督权，这是一种广泛的需求，也是我们作为一个人民的政府，人民的国家应该满足的一种发展的愿望。这方面的工作大家谈了很多，我就不详细地去补充。

重点在第二个方面，就是我们进行这项工作的技术可行性是什么，我们能不能从这样一个技术本身的层面和技术应用的层面上探讨这样一个问题，来解决好这样一个问题。随着信息技术的发展，数字地球也好，智慧地球也好，这样一种势头有增无减，从过去的GB级已经到了TB级，甚至按照理论级值的话，宽带网的带宽是到350TB，T是什么概念呢？首先，兆是百万，咱们家庭的宽带网到了兆，将来楼之间会达到GB级，GB级就是10亿字节，现在已经到了10个GB，甚至更多。正在发展的是TB级，就是GB级再乘上1000，那么理论上是多少呢？就是TB级再乘上350，这是单幅度的，如果算上多幅度的话，带宽的增长还有一个很好的预期，今后15年到20年这种速度是完全可以预估的，这是从带宽或者网络方面来讲。从海量存储（方面来讲），大家知道，过去就是硬盘，存储的增长是按照摩尔定律在增长，那么今后基于这种 RAID，或者叫存盘阵列，基于这种更高性能的闪存结构来组织海量存储器，从技术上来讲是完全没有问题，并且从价格上来讲，比现在要低很多。有一说，说得很形象，就是如果说喷气式飞机有计算机的这种发展速度的话，一架波音 747 发展到现在应该几分钱就可以买得起，换句话说，也就是只有信息技术仍然在至少今后 10 年到 15 五年还是这样一种摩尔定律在起作用，计算机一个是计算，一个是存储，都是摩尔定律在起作用，也就是每 18 个月（性能）翻一番，刚才讲带宽，还超过摩尔定律，叫超摩尔定律，也叫吉尔德定律，那么在这种情况下，我们做这种事情，就必须要有这样一种摩尔的速度的预估，这是讲到存储方面。再讲计算，我想说的计算机已经不仅仅是计算了，今后 300 万亿次的计算机也好，更高的千万亿次的计算机也好，甚至几千万亿次计算机，它的百分之十左右是用于计算，其他百分之八十以上用于什么呢，包括刚刚谢主任讲的新媒体，包括电视媒体，娱乐媒体等一系列相关事情，为这些相关媒体的处理，数据的处理，信号的处理包括视频流，等等，提供了大量的计算存储能力，就需要我们有针对性地进行相关的开发，而不是说简单地做计算，我们统计了一下，互联网上跑的这种视频占了整个流量的 60%，所以围绕这样一种文化资源网上的保存也好，流通也好，提供了实在的支持的考虑。

另外就是关于三网融合，现在湖南省是作为全国试点的四个省之一，怎么样有效地利用文化资源，怎么样有效地利用技术的支撑，完全可以走在全国的前面。我们也一直关心相关事情，因为这不是简单地提供一个网络流量的支撑就可以发挥出来，实际上有各个方面资源的整

合,利益的重新分配,以及相关技术的沟通问题,从技术层面上来说,我们完全没有问题,能够足够支撑这样一个相关事情。当然了,技术方面也有一些我们引以关注的问题,我主要讲一点,比如说能源问题,超级计算中心或者叫超级数据中心,它是一个高耗能的单位,以Google为例,全球有将近20个数据中心,每一个数据中心将近有10万台左右的服务器在同时工作,这相当于什么概念呢,你可以划一个区域出来,就像物流园一样,若干栋厂房里面装的全是刀片式服务器,同时运转起来的话,一般来讲在100兆瓦这样一个能源的功率量,也就是说,美国的几个Google的数据中心都建在电站边上,电站的50%以上的能源是满足这个数据中心的使用,在这方面,我们的前期投资也好,后期运作也好,能源的问题是我们要注意的一个方面。这是第二个方面的情况。

第三个方面,谈到个人的一些建议,因为这个事情牵涉到很广泛的资源整合,数据库的构建以及后面运作的事情。所以,在这方面,我们是不是有这样一些考虑,首先,在技术人员的培训上,我们是不是应该有所侧重,有所考虑。另外一个,相关产业群的考虑,不是简单地说,我把这样一个数据,把这样一些资源,这样一些视频,搁在仓库里放着,谁来取出来卖,还有刚刚王总(王本锡)讲得非常好,我觉得关于这个文化的提供商,文化的集成商,是很好的一种理念。过去来讲,包括数字图书馆,包括很多单位做的数据库,最后都没有产生一个很好的效果,原因很明朗,就是把它做死了,甚至包括,大家知道,现在新浪网、搜狐网等一些大的网站做得很好,但这个事情本来是不应该他们来做的，本来是湖南信息港，本来是中国电信的相关网站，他有足够的资源，有足够的行政执行力来做好这些事情，但是他们没做成，反而是民间的这种网站最后发展成为巨无霸，这很值得我们思考，不是说我们站在文化厅也好，宣传部也好，财政厅也好，我这个事情就一定能做成，大家一呼百应，好像没那么简单。另外，这样一种事情的运作不是简单的三年五年我可以扶持它，这个事情就一定能成，它得靠自我增值，自我壮大。我们是不是有一个放眼全球的概念，不干则已，一干就要干出世界顶尖的品牌出来。我们在海外也好，差不多我每一年都要出国，应该说，包括海外，都了解到湖南卫视，了解到湖南的影视文化，他们都看，所以我说这个方面也给我们一个很好的启示，湖南人做事要么不做，要做就做出世界一流的品牌。这方面，我觉得这样一种韧劲，加上这种追求卓越的精神，使我们的一切工作能够克服困难，有时候来讲，精神的素质是很重要的。我以为，我们在湖湘文化中间，就是我们毛主席的资源，毛主席的这样一种精神，的确是我们在任何工作中间能够继承的话，那么使得我们的这样一个工作也好，水平也好，能够达到世界一等一的高度。我相信，我们这个工作能够做成功，我的发言完了。

（五）中共湖南省委宣传部网络新闻监管中心主任　贺弘联　发言

我觉得这个项目是一个重大的系统工程，非常有意义，刚才各位领导和专家都已经谈到了，我就不再谈了。我就从下一步怎么建设和可能会遇到的一些具体问题，站在我的角度谈一谈我的感受。

刚才谢方提到的，很契合我们湖南两型项目，两型社会的建设，这个点是很有意义的。这是一个重大的文化产品项目。我们现在有一个青苹果数据库，建了二十多年，我也去看过，学习过，给我很多启示，但是我们现在要解决、要处理好几个问题。一个是文化储存的技术性革命与网络数字化革命有机结合的问题，这是我们这个项目所要遇到的一个重要瓶颈。那么具体来说，这个文化项目涉及传播、下载、使用和盈利模式几个方面的关键环节。应该说这个项目探索的是我们中国，湖南这个湖湘文化，电子文化产品以电子的方式生产、消费和应用的这样一种新的模式。那么它涉及一个知识产权的保护，多语种网上传播的关系问题，这个跟我们怎么把湖湘文化整合起来，中间肯定涉及很多知识产权的保护问题，那么怎么形成一种公共的文化产品，同时保护知识产权，又能够实现多语种的网上传播，实现湖湘文化的有效放大。它既是一个数据库，也是一个储存器，更是一个放大器。所以这个问题就涉及方方面面，是一个庞大的系统工程，它涉及社会效益和经济效益具体怎么结合的问题。

从市场的角度来看，在某种意义上，个人的观点，应该有三个方面的市场。第一个是政府公共购买的市场，就是政府怎么投入的问题，怎么宣传湖湘文化，政府公共购买是一个庞大的市场。政府就是要下大决心来建设这个项目。第二个市场是核心产品，就是涉及湖湘文化一些核心产品的精英购买市场，不仅仅是通过互联网获得湖湘文化的一些更多的包括研究领域的一些核心产品、文化产品，那么就说要有一个网络端口，为精英开放的模式。还有一个普通民众的网上文化消费市场，普通的民众，不论是中国人还是外国人，他都是能够通过互联网消费，分享到湖湘文化的精华。所以这几个市场怎么有机地结合起来，是我们下一步要考虑的问题。所以我就谈一点这个感受，这个工程很大，可能还要做进一步某个环节的具体论证，有助于这个项目具体化，进一步落实到位。我就谈这么一点意见。

（六）中共湖南省委副秘书长　钟万民　讲话

刚才以上各位专家的发言，我感觉是给我上了很好的一课。信息量相当大，包括我们现在新媒体的发展，包括整个由"数据库"这一个论证课题引申的当前的一些新媒体新平台和趋势。（我）完全同意会议主持人祖烜（蒋祖烜）同志的这个评价，就是今天的论证会，已经超越了我们原来设计的内容，不是就事论事，而且扩大了大家的视野，对于今后湖南文化产业的发展都起到很大的启发作用。各位专家的意见慢慢去消化，我想谈四个观点。

第一，海量文化资源数据库，这是在一线工作的同志提出的一个大课题。谢方长期从事音像资源管理，所以他的数据意识，他的海量意识，一旦和国际上的信息结合，就产生了这个很好的想法。去年他从北京开会回来，一个国际性的会议，他回来以后跟我谈体会，就谈到欧洲的海量数据库在整个欧洲的广泛运用，想到了他所管的音像资料，以及我们整个的文化资源，提出了这个思路。我说这个思路蛮好，而且他慢慢地找专家磨合、交流、沟通，形成这么一个想法。我觉得在湖南发展文化产业、建设文化强省的今天，我们省台音像资源管理中心的一个主

任，在思考这么大的问题，是完全站在省委省政府的角度来思考这个问题。所以他给张书记的信，给路部长的信，是我转交的。因为我长期联系文化宣传这条线，认为这么好的思路一定要推荐到高层去。这样引起了书记和部长的重视，两个人都签署了要文产办组织一些论证（的文件）。前期做了大量的工作，包括文产办的同志做了一些论证调查。刚才听了各位专家的发言对他的肯定，很多专家评价很高，体现了大趋势的问题啊，具有示范意义的问题啊，建设数字湖南的问题啊，总的来看，有前瞻性，有创造性，也有生命力。

第二，海量文化资源数据库，从建设到营运，我觉得不是一个简单的组合，是一种更高层面上的整合。这个问题，既然大家都还认可，各位专家在发言的时候也讲了很多好的思路，包括它的功能，应该是个什么样的平台，我觉得讲得很好，文化保值平台，文化增值平台，文化创新平台，是这么个平台。还有它的工具性、功能性、娱乐性等。我觉得这个问题对于我们建设一种全新的平台，一种新型的媒体，是一个很好的路子。所以我们在设计的时候都要把专家的意见充分地考虑进去。

第三，我们的目标是过河。毛主席讲的，我们的目标是过河，过河就要解决桥和船的问题。刚才听了大家的发言，我的思路也清楚了，从建设模式上看，应该是政府推动，市场运作，应该是这种模式。本锡（王本锡）讲了几个文化，讲得很好，可以作为指导思想来搭这个平台，这是搭建的问题。搭建的问题，刚才欧台（欧阳常林）的意见我觉得也很好，包括刚才小贺（贺弘联）讲的意见。我们已经有大量的东西了，怎么样运用这些现有的平台和机遇，比如说，我们现在三网融合的这个机遇，应该是完全可以和我们的海量数据库的建设结合起来的。还有怎么样利用已经有影响的、现成的网络。我又想到我们的海量数据库，如果说，百度可行，还有刚才讲的 Google 什么的，这些可行的话，我支持充分利用，核心的问题上把好关，利用这个网络，这要快得多。建设起来以后的第二个问题，就是运营的问题，一定要让它进得来，用得起，还要有经营理念，还要能赚钱，不是一种纯公益性质的东西。任何事情搞成一个市场的东西了，它就有竞争，有竞争了就有发展。所以，运营的思路也是要重点考虑的问题。所谓桥和船的问题，我就提出这么一个想法。同时，更重要的，就是刚才祖烜提的这个问题，根据目前的情况，我也完全赞同在文产办的领导支持之下，前期工作由广电先搞几个人，不完全是他们的人，完全由他搞呢。今后的管理模式、运作模式是个什么模式还可以研究，但是现在开始要有人想这个事，要细化，要在充分吸收今天专家论证成果的基础上，大胆地去设想。譬如，在投资建设过程中，我们湖南已经有的这种经济模式，我觉得也是可以的。财政控股，财政占主导，我还是很赞同这种搞法的。财政控股，其他都是股东，然后再生一个儿子，既然可以生经济的儿子，我们也可以生文化的儿子，这个模式也符合我们现在发展文化产业的大趋势，但是今天的会议之后要有几个人来琢磨，在一些细节上要细化。

第四，尽快把今天论证会的成果转化成决策层面的意见。譬如，我们把今天会议形成的好的意见吸收以后，再把方案论证一下，把设计搞好，然后一定要争取上政府常务会。那么，上政府常务会之前，我们可以把今天的会议上大家形成的共识整理一下，要有一个纪要，至少要跟书记、部长、主管文化的副省长、常务副省长报告,为下一步上政府常务会议打下基础。

四、专家论证意见

清华大学新闻与传播学院常务副院长尹鸿:在三网融合背景下,此项目对于整合文化资源、搭建数字平台、推动文化事业,具有示范性、开拓性价值。前期论证比较充分,作为数字化产业平台,能发挥政府支持市场运作的作用。

北京大学新闻与传播学院副院长陈刚:此项目具有突出的创新性,无论对文化事业发展还是文化管理都具探索意义。同时,在经营上具有巨大的发展空间,将成为湖南乃至中国文化发展的亮点。

北京邮电大学中国电信传播研究中心主任曾静平:该项目契合国家提升文化软实力发展战略,接轨湖南文化产业蓝图,结合湖湘特色与信息化推进。无论从壮大中国文化传播力量,还是文化产业增长,都大有可为。

湖南人民广播电台原台长、省记协副主席王本锡:这是目前网络市场唯一的文化事业、文化产业项目,有意义、有市场、有前景、有可能。搞好了可以在文化资源产业上闯出一条新路,并在全国起到示范、引领作用。

国防科技大学计算机学院网络工程系主任徐明:第一,要有精品意识,做全国一等一的品牌,成为湖湘文化的载体;第二,政府第一推动,找到公益性与盈利契合点,找到盈利模式,滚雪球发展;第三,培养、引进、打造一个核心团队。

中广设协李庆：这个平台的建成，将成为湖南政府与湖南百姓之间的神经中枢。创新服务模式，创新管理模式，通过人文文化、企业文化、行业文化、地域文化带动商业发展。

五、专家论证会会议纪要

《湘江颂》（暂名）文化资源数据库项目专家论证会

会议纪要

2010年9月15日，省委宣传部根据省委领导的指示组织召开了《湘江颂》（暂名）文化资源数据库项目专家论证会。省委副秘书长钟万民、省人民政府副秘书长姜儒振、省委宣传部副部长魏委、蒋祖烜、省广播电视台长欧阳常林同志出席会议，《湘江颂》项目建议人谢方做了专题汇报，清华大学教授尹鸿、北京大学教授陈刚、北京邮电大学教授曾静平、中国广播电视设备工业协会运营总监李庆、国防科技大学教授徐明、省记协副主席王本锡等国内知名专家学者参加了论证会。与会领导和专家围绕《湘江颂》文化资源数据库项目的现实意义、市场定位、运营模式、发展前景、实施步骤等问题进行了深入分析探讨和论证。

会议认为：随着互联网应用技术的逐步深入和手机的普及，特别是三网融合的发展趋势，对海量数据库的需求已经显得十分迫切了。欧洲已经建立了联合海量数据库，英国大英图书馆也已经全部数字化，应用前景十分广阔。实践表明，建立多功能、全领域的海量数据库已经成为信息化时代抢占网络资源制高点的一个重要手段。中国互联网发展状况

统计报告显示,我国的网民规模已超过3亿,普及率达到28.9%,高于世界的平均水平,从理论上讲,网络普及率可以达到80%,目前发达国家一般在70%左右,这就表明中国网民的数量还有很大的增长空间,预计5年后,网民数量有7亿至8亿,而且在新增网民中,主力军都是20岁至49岁的中青年,对网络的依靠程度很高,对网络的需求提出了更高要求,也将衍生出更多的增值服务方式。

会议认为,当今互联网技术的发展,为海量数据库的建立提供了坚实的基础。湖南超级计算中心的建设和应用、超高速的宽带传输、TB级的存储容量和无限量的IP地址资源等,为海量数据库的建设应用提供了技术支撑。近年来,湖南互联网的基础建设取得了一定成效,特别是网站建设方面积累了一些独特的经验。作为全国计算机尖端人才会聚的国防科技大学也将提供良好的人才保障。

会议认为,湖南在这个时候提出建设《湘江颂》文化资源数据库,是非常重大的一个探索和创新,是应对世界经济发展新趋势,促进经济发展方式转变的一个重要选择,对湖南文化的发展,湖南综合竞争力的提升的意义都是非常重大的。这个项目在全国具有很强的示范意义,特别是在别的地方还没有想到、没开始实施的时候,湖南抢先一步就能抢占先机,取得先发优势。湖南的民族、历史、自然文化资源都非常充裕,湖南文化建设在全国也享有盛名,广电、出版、动漫、演艺等领域有很多有价值的图文资源。将这些资源进行整合,利用一个高端平台进行传播、运营、增值,一定会产生巨大的经济社会效益和影响。这个平台将会实现三大主要功能,一是文化保存。大量的文化资源,无论是实体还是虚拟的，都是非常零散的，通过这个平台可以很好地整合、保存与传承。二是文化增值。现有的文化资源，其价值只能在一定层面得到实现，通过这个平台，可以深入挖掘其价值，而且可以反复利用，让文化资源附加值最大化。三是文化创造。它不仅仅是一个被动的保存，然后通过市场的杠杆，可以不断创新不断发展形成更多新的内容。通过一系列手段，把这个平台做成文化资源的集成商，文化产品的开发商，文化观点的供应商，文化意见的经纪商，归根结底是当好网民分享文化资源的服务商。

会议认为，该项目定位于公益性与经营性相结合的资源平台，既可考虑提供公共服务，又可兼顾产业经营。前期投入建设以政府扶持为主，逐步转向市场主导。政府先投入建设，培育市场，当受众形成了消费习惯，再放手进行市场化运作。项目立足于湖南，但发展不局限于湖南，要有全局战略眼光，面向全国全世界。项目除可以提供方便快捷的公共文化资源服务外，在市场上至少可开发四种盈利模式：一是板块（文化街）的冠名和网上文化店铺冠名拍卖；二是做好网站内容，获取高额点击率，获取广告收入；三是对文化资源进行有效开发，如数字出版、影像资料授权使用；四是通过文化资源和产品流通及互动商务模式产生收入。从市场前景来看，未来五年以内，随着移动互联网、物联网、云计算业务的爆发，将给信息产业和数字文化产业带来10万亿元的市场，这给海量数据库提供了一个广阔的成长空间。

会议认为，在实施步骤方面，首先是整合省内文化资源，建议由省委省政府牵头，由宣传、财政、文化、广电、出版、报业、旅游、体育、电信等相关部门组成文化资源数据库筹备工作机构，协调文化资源的收集、整理、存储等基础工作。网站建设可与目前省内红网、华声在线等合作，以避免基础设施重复建设投入，加快项目推进速度。同时，成立国有控股的投资公司负责文化资源数据库的管理营运，使其成为独立的文化市场主体（图2-6为《湘江颂》专家论证会会议现场）。

图2-6 《湘江颂》专家论证会会议现场

2.3 版权开发

媒体生存和发展的关键是创新，尤其是处在内容产业链上游拥有自主知识产权的版权节目生产的创新，紧接着是节目版权的营销、特许经营、衍生品开发、二次版权开发，以及处在内容产业链下游的播出编排创新、网络TV营销创新、广告经营创新，其核心还是内容版权创新。

目前，我国省级电视台版权收入约占媒体总收入的1%~20%，远远低于国际传媒集团版权产业收入占媒体总收入58%以上的水平。可见，我国省级电视台在版权产业的开发上有极大的发展潜力。我们可以通过节目版权的无限次授权,以及衍生品的开发,来获取和广告收入水平相当的海量版权的边际收益。

我们要确定节目内容的版权发展战略、管理流程、开发方向、协议范本等,还要组建专业队伍。

发展战略的核心内容是解答何时实现媒体节目版权的规模开发效益占到总收入50%以上。同时,力争用3~5年的时间,把电视台拥有自主版权的内容加以集中梳理,对内容版权中具有较高开发价值的优先编目、确权和规模开发,同时,对卫视许多原创节目模式由专人整理制成节目宝典,以特许经营权授予其他台使用,就能不断赚取收益。以节目版权为例,仅以每小时12万元均价计算(央视节目资料价格每小时不低于12万元),30万小时节目版权授权1次就是360亿元,虽然这是理论计算,但它告诉我们节目版权的收益空间巨大。

1. 衍生产品开发

节目版权的衍生品开发具有巨大的经济效益。衍生品主要有与爆棚节目对应的手游、图书、服装、玩具以及按照节目场景布置的旅游产业园等。

> 案例26　衍生产品

湖南卫视生产的季播节目《爸爸去哪儿》《花儿与少年》等,台里有关部门根据授权,编印了粉丝们喜爱的同名图书,里面含有明星介绍和节目拍摄花絮,图书营销一年下来利润上千万元。与此类似开发衍生品,一年营收上亿元不是难题。

2. 特许经营授权

这里，我还想介绍一个案例：美国迪士尼制作的动画电影《玩具总动员》，其总收入为98亿美元，其中：影视版权收入是19.34亿美元，通过对玩具、商品、图书、商店的特许经营版权授权，获得的收入是78.75亿美元，由此可见，它的特许经营授权的收入是影视收入的4倍，说明特许经营授权的商业价值巨大，而我们却往往忽视了这一点。

3. 版权二次开发

由于节目门类繁多，不同年代的各种内容，不同的信息载体介质，组成了一个复杂的体系。随着信息处理技术的发展，除了节目的原始载体介质会长期保存以外，人们将播出过的节目通过数字化处理存储到媒资中，这样我们只要对媒资中的节目加以二次开发即可。

节目版权开发，通常是根据工作需要或者市场需求，从媒体节目库藏情况和市场需求出发，确定节目版权开发主题，由开发团队进行版权开发。在媒体人手不足的情况下，也可以用委托方式由外包公司从事开发，媒体只负责对节目成品验收，但是这样做也有风险，一是不易保证质量，特别是素材太多时导致存储器崩盘；二是长期习惯外包制作，使自己逐渐丧失制作能力，形成制作的空心化，因此，外包制作只能是偶尔为之。

节目版权开发的流程是：在确定版权开发主题以后，收集相关节目，编写新节目剧本，使用数字编辑系统，按照剧本的要求，对节目的音频信息、视频信息进行编辑（每台编辑机同样标记入点、出点、合成。几十台编辑机组成一个工作群,若干个工作群共同承担一个节目的后期制作),加入解说配音,背景音乐、字幕、视频特技、片头片尾等。

4. 海外版权营销

版权空间还有一个增量,是海外市场的版权营销。

拥有强大实力的新型媒体集团,应该肩负让中国声音和形象走出国门的使命,我们一定要在蓝海中占有一席。只有把灿烂的中华文化送到世界人民心里,才能使世界理解中国的伟大复兴,从心里接纳中华民族的伟大崛起。我国大部分省级电视台在海外市场的收入不到1亿元,显然,我们还没有充分利用海外市场的巨大能量,我们应该坚信它给我们的发展空间同样巨大。我们可以先做海外市场调研,尤其是针对6000万海外华人的市场,优先考虑在北美、亚太(泰国、印度尼西亚、马来西亚、新加坡)建立相应的机构,研发相应的战略,组织相应的资源,实现受众的快速积累,目的是使电视台海外收入占到全部收入的35%以上。

境外传媒的海外市场收入,占到其总收入的45%以上,所以它们非常重视海外市场,其主要举措有三条。一是海外团队规模很大,例如:凤凰台2800名员工,在港仅800人,其余都在海外;TVB员工4000人,1/4在海外。二是多种商业模式共存,有在海外当地直接注册频道,也有为回避风险,与当地财团合作办频道,五五分成;2013年TVB的收入是50亿港元,海外市场收入约20亿港元。三是海外版权收入大于本土收入,比较典型的是迪士尼,它在海外的版权收入远远大于在美国本土的收入。

2.4 版权营销

版权营销,是指内容生产企业按照受众和媒体需求,深度解析作品内涵,通过创新使媒体推广、传播和确定购买其内容作品版权的过程。版权营销还包括对版权价值的多重开发,并混合其他商业模式,产生更好的效益。例如,衍生品开发、特许经营授权等,都属于版权营销的范畴。版权营销通常又指卖节目,卖节目就要先给节目定价。

2.4.1 节目定价

由于节目具有资源属性,在不违背国家政策法律的前提下,通过规模性开发然后进入市场。在进入市场之前,需要针对它的价值确定它的价格。这里我们介绍节目的版权定价和它播出时段的广告定价。

1. 通常节目的版权定价方式有两种

一种是经典定价方式,它是按照其历史价值、珍稀程度来确定价格,需要考虑的因素包含历史、人物、年代、地域、拍摄手法、素材质量、有无字幕等,这种定价方式在权重上比较偏重节目的历史价值和人物的价值。

另一种是现代定价方式,它将节目分成诸如政治、法律、军事、经济、文化、教育、哲学、宗教、体育、文学艺术、历史、地理、科学、技术、医药卫生、城乡建设与环境、社会生活与社会问题、娱乐休闲等类别，或者按照市场常用需求分成科学、教育、生活、纪实、新闻、财经、综艺、电视剧若干类，再针对这些节目在市场中的表现（社会反响、内容热点性、权威性、创新程度、收视率、广告收入）加以抽样统计，编制一个符合市场价值的定价软件，这种定价方式在权重上比较偏重节目的市场价值。这是数理统计、计算机技术应用于节目定价上的创新，它规范了节目版权市场定价机制，明确了节目版权营销价值导向，同时，定价软件本身还具有一定的商业价值。

不论是哪种定价方式，最终节目价格是以每单位时间长度作为计价标准，例如，每周 90 分钟时长的综艺节目，其年度网络版权就可以卖到上亿元；季播网综 90 分钟时长的节目 10 集，有卖到 2 亿元以上的；而央视资料馆的视频资料的价格，通常是在每分钟 2000 元至 1 万元之间。

最近，央视、上海台和中国传媒大学，在研究广电节目素材、节目版权开发的定价体系，这有助于规范版权的管理开发和网络交易平台的建设。定价体系主要是通过对节目内容的重要性、权威性、创新性、公众性、首轮播出收视率、当期广告收入等参量加以评价和统计，然后通过数据建立版权价值评估模型、定价模型以及评估操作流程，通过交易数据对模型进行验证，开发出"电视节目版权价值评估系统"。这些研究成果如果通过商业推广，变成 APP 软件推广到各台，再由 APP 后台的大数据分析，获得各台购买节目版权的喜好，就可以为版权营销的精准投放创造条件。

2. 节目播出时段的广告定价

相对而言，节目的广告定价比较简单。它是根据媒体上年度节目播出获得的广告收入值，加上新年任务递增要求来制定的。

例如，上年度媒体节目时段广告收入 60 亿元，新年任务要求增长 20%，达到 72 亿元，平均每天广告收入 2000 万元左右，于是我们可以分别确定黄金时段、非黄金时段每 15 秒钟广告的报价。通常一线省级卫视黄金时段 15 秒广告报价为 10 万~30 万元，非黄金时段为 2 万~5 万元。

2.4.2 版权交易

节目版权开发的最终目的有两个：一是出售版权；二是供自己播出销售广告。因此，节目开发的最后一个主要环节，是版权交易或是在播出平台的广告交易，我们先介绍版权交易。

版权交易指作品版权中全部或部分经济权利，通过版权许可或版权转让的方式，以获取相应经济收入的交易行为。它属于许可证贸易范畴，是无形财产权贸易。这里我们只谈及节目版权的交易。

目前国内电视剧节目成品，每集价格在 100 万元至 800 万元左右；节目素材版权交易价在每分钟 2000 元至 1 万元之间，声音图像质量越好，素材珍稀程度越高，则越贵；国内各类专题片、综艺片、电视剧的二轮版权交易每集 3000 元至 10 万元不等，销售到海外版权交易每集从 1000 美元至 15 万美元不等，这与首轮独家播放电视剧每集 50 分钟售价在100万元至800万元相比,仿佛是两个世界。

> **案例27 文广版权**

2016年上海SMG文广集团版权收入约29亿元,占集团总收入的9%,相当于全台广告营销62亿元的47%,其中东方卫视IP收入5亿元,相当于东方卫视广告收入35亿元的14%,同时,SMG每年从海外市场获得许多收益,主要方式是开展对外合作和节目版权营销等。业内人士认为,芒果卫视的综艺节目的版权价值比SMG可能更高一些。

1. 版权交易谈判流程:

(1) 选择并确定版权交易的节目,表达购买意向;

(2) 双方初步确定合作意向,进行版权交易谈判;

(3) 谈判结束,确定节目版权价格、权限、双方权利义务;

(4) 协商并确定合同细节,双方法人代表签字盖章,合同生效。

2. 版权交易谈判技巧:

(1) 确定双赢概念,消除对立,坚持公平;

(2) 做大利益蛋糕,避开利益冲突,求同存异;

(3) 最大程度掌握一切信息,重视信息的分辨;

(4) 研究对方公司,摸清对方心理,制订谈判策略。

3. 版权合同:

版权合同没有通用格式,各媒体都有自己的习惯和经验,但大体上合同要明确这样一些科目:一般条款、特约条款、授权节目名称、授权

地区、使用语言、授权媒体播出渠道、授权时间期限、播放次数、素材要求、版权交易费、支付条件、衍生品权利、寄费及关税、保密条款等。

通常，版权交易金额涉及几千万元以上时，谈判时间会长达两个月左右，买卖双方都有一个市场询价、研判和决策的过程。

2.5 广告营销

节目放到媒体播出时，广告营销是否做得好，对媒体生存和发展都十分重要，因为在媒体收入中广告要占50%~90%，而版权交易在国内只占10%~50%。广告交易通常是根据各个广播电视台每年的广告价格表来谈判，采用合同的方式确立交易。单笔的广告交易合同比较简单，主要是确定花多少钱，在什么时段，买多少次广告播放和开展多少次推广活动，以及付款要求等，在此我们不赘述。

媒体整体广告经营，是一项专业性极强的工作，它需要得到媒体各部门的支持与配合，如何开展节目播出的广告经营，分析如下：

一、认清广告经营面临的形势

（一）经济环境：一方面，我们要有三年以上的经济发展艰难期的思想准备。调整经济结构、转变增长方式、进行供给侧结构性改革，需要一个时间过程。另一方面，我们还拥有国家文化产业的政策红利。2016年中国GDP为74.4万亿元，文化产业占GDP的5%左右，约3.72万亿元，广告若按10%计算是3720亿元，这才是天花板，我们离它很远。

（二）广告环境：2016年上半年传统广告份额下降6.2%，一些地面频道广告跌幅在10%~50%之间，出现"腰斩"行情。

广告投放持续由传统电视向新媒体快速迁移，新兴行业的广告投放优先选择新媒体。互联网广告中电脑及办公产品增速为77%，金融94%；商务楼宇广告中邮电通信增速为174%，大部分中小企业的广告投入仍然在向互联网方向迁移。不过也有少数企业出现变化，互联网广告的广种薄收，使宝洁公司广告投放出现向传统媒体回流的现象。

2015年传统媒体投放广告主要集中在快消品：前十名厂商分别是：(1) 宝洁（中国）；(2) 可口可乐；(3) 内蒙古鸿茅；(4) 联合利华（中国）；(5) 欧莱雅；(6) 广州医药；(7) 顶新国际；(8) 汇仁；(9) 云南白药；(10) 百胜中国投资。

随着收视率数据准确度的波动，以及样本和权重对有关卫视的减少；央视主导观点的变化，引发受众收视喜好的改变，都会对其他卫视的收视率产生影响。

（三）平台环境：上星频道广告、新媒体广告的分置管理，其短处是各自为政，难以形成合力。如果加以改进，收入还有增长潜力。

（四）IP释放不足：许多卫视的版权交易能量释放效率仍有空间。例如某卫视IP交易收入与卫视广告收入比例约为4%，而上海台这个比例是30%，显然优秀很多。相比之下，卫视版权交易还有增长空间。

（五）媒体内部各种资源分散，对市场激烈竞争不敏感，为广告一线服务意识不强。

（六）面临各种制约瓶颈，围绕全台服务广告经营的宏观政策研究、超越自我超越同行的全媒体全案式广告服务创新模式、内部激励机制等，都亟须拿出可行方案。

（七）节目外包泄露后期制作技术，无法保守电视台制作技术领先的秘密，降低了电视台设备投入技术领先的优势。

（八）媒体驻在地附近"非官方制造"，给竞争对手提供产品，部分抵消了卫视创新产生的能量。

例如，湖南卫视驻地马栏山，就有上百家"马栏山非官方制造"民营节目制作企业，一方面他们丰富了节目产品市场，另一方面他们借助卫视剩余劳动力生产节目卖给卫视的竞争对手。

（九）广告策略上存在"拿大放小"，引起广告资源流失；再就是缺乏全媒体、全案式广告服务，内部结构欠优化，激励机制有缺陷。这些因素制约了广告营销部门的能量释放。

（十）独播给广播电视台自办新媒体点击率带来快速增长，而且功不可没。但它也给卫视的品牌扩张带来约束，影响了卫视广告的增长，使卫视品牌扩散力下降，降低了卫视节目品牌对芒果TV的拉动力。因此，我们亟待有效措施，使两者之间的平衡处于最佳状态（见图2-7）。实现独播改良的办法有两个，一个是"时分法"，例如三个月以后即非独播；另一个是"区分法"，即在海外地区非独播。

二、提升广告工作的战略地位

格局决定结局，那么我们应该拥有什么样的广告工作格局呢？

格局一：全球经济中心正在往中国迁移，政治中心也在往中国迁

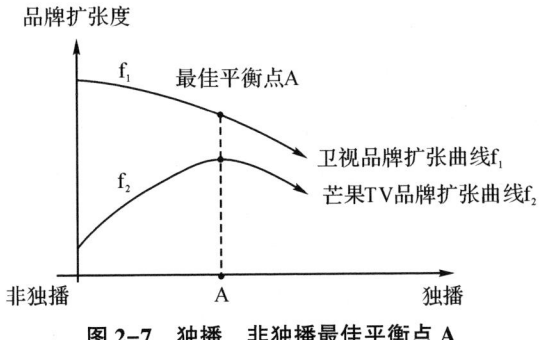

图 2-7　独播、非独播最佳平衡点 A

移,文化中心期待中国建设和引领,"文化+"成为中国经济的重要组成部分。

格局二:广播电视台在坚持新闻立台、坚持社会效益第一的前提下,其他工作成就,最终体现在广告销售收入上。做大广告营销,实现版权价值最大化、开辟海外市场以及多种经营,是电视台所有营销部门的责任。

逆水行舟不进则退,想守摊子已经没门。二十年前我们有一句话叫作"举全台之力办卫视",二十年后的今天,如果还有第二句话,那就应该是"聚全台资源办广告"。广告经营事关全局,事关全台生存与发展,事关国家文化战略。因此,广告部门不能单打独斗,而应该是通过聚合全台优质的人、财、物资源,服务广告部门经营创收。

三、研究探索广告经营超级新战略

超级新战略之一:聚合全台资源获取超凡之力

超凡之力主要由广播电视台五部分资源聚合而成:(1)争取关键少数的鼎力支持。他们不仅为我们发展导航,更为重要的是他们以身作

则为我们在市场拼搏提供力量。他们领导全台坚持新闻立台、内容创新、广告增收、品牌升级；在价值观上坚持正义、诚信、包容、担当、执着；在管理上坚持开明理政和科学管理。他们取得的巨大成就获得全台员工的广泛认同，是我们大家学习的典范。（2）明确各部门服务广告经营。例如新闻中心，能不能办一档名企大家《谈经论市》的栏目，请任正非讲讲如何使华为2016年销售额达5200亿元，请马云谈谈企业家重视"价值观、客户第一、团队精神、诚信"以及不以利益为出发点的决策是庙堂之策——不讲利益，讲慈善、讲功德，当然也要不失时机地向企业家介绍我们在市场的经典故事。（3）集合服务目标客户的智慧。为了更好地服务客户，我们要集中全台智慧，研究广告政策、攻坚超级客户、黏住中小客户、优化软广制作，等等。（4）打通卫视新媒体广告平台。通过广告经营覆盖全媒体，实现广告经营效益最大化。（5）主导IP研制推广和经营。坚持专业人做专业事，充分发挥广告部经营专长，提高IP"价值释放率"，开展二次开发（上海台IP收入约占全台总收入30%）、海外拓展（TVB海外收入占本土收入45%）。迪士尼是一个具有91年历史的超级商业集团，2013年其版权收入占到总收入的58%以上。

➢ 案例28 广告冠名

年销售额500万元的某企业，广告冠名《超级女声》以后，当年销售额由500万元增长到50亿元，年营销增长达1000倍！

第二章　内容产业

> **案例 29　头条广告**

与传统媒体广告出现困境相反，新媒体广告一片生机，在新媒体"今日头条"一万多员工中，做广告的就有 6000 人，在省市县都设有广告直销员，2015 年、2016 年、2017 年它的广告收入分别是 20 亿元、70 亿元、170 亿元（预估），2018 年它的广告创收目标是 500 亿元，它打算拿下 60 万个小微企业，争取每个企业平均投放 10 万元广告费给"今日头条"。

超级新战略之二：组建广告资源整合工作组

在坚持社会效益第一、新闻立台的前提下，落实全台各部门都要支持广告经营，全台服务广告经营，广告经营成果惠及全台。

超级新战略之三：创建全台广告经营研究院

研究方向主要包括：中长期经营发展战略目标、未来发展趋势、新业态新产品、综艺研发、电视剧创作、全媒体多种经营、海外市场、盈利模式、受众喜好、客服创新、内部政策等。

近期课题主要包括：(1) 研究国家文创基地减税政策；(2) 研究全台资源服务广告经营；(3) 研究全媒体智能大数据广告；(4) 研究全部 IP 价值释放措施；(5) 研究走出国门开辟海外市场；(6) 研究全案广告创新服务模式；(7) 研究激励机制，包括业务职级；(8) 研究超级大客户的攻关预案；(9) 研究提高内部后期制作比例；(10) 研究武装斗争时的导向需求；(11) 研究收购驻在地"非官方制造"。

超级新战略之四：全面树立效益优先的观点

引入投入产出比因子，以效益定奖励，降低外包开支，全面守住我

们制作技术领先的秘密。

1. 节目效益研究：我们研究证明，季播节目的效益可以由下面的公式计算出来：

$$X = \{[S - (C_1 + 0.58 \times S)]/S\} \times 100\% \qquad 式（2-1）$$

式（2-1）中：X 为效益指数，S 为节目产出，C_1 为节目投入。

例如我们可以计算出：

《节目版权开发某节目》，预算 0.42 亿元，实际开支 0.48 亿元，冠名 1.2 亿元，总收入 2.31 亿元，效益指数 $X = 21.2\%$。

当 $X = 8.67\%$，投入产出比 $S/C_1 = 3$，可见投入 1，收入 3 是我们的基本要求，因为它能确保我们有 8% 的利润。

2. 双效奖励研究：综合社会效益、成本控制和收视率。

在奖励计算中引入因子（$S/C_1 - 3$），制作团队就会考虑降低成本。

超级新战略之五：规范驻在地的非官方制造

我们买下驻在地"非官方制造"的优质品，舍弃"非官方制造"的普通品及劣质品，降低"非官方制造"对卫视频道冲击的能量，同时研究"非官方制造"的政策措施，凡卖给卫视频道播出的可享受产业园政策减税 5%。

"非官方制造"企业中的许多人才是从电视台走出去的。显然，我们要用新的企业文化和新的激励机制，留住核心人才。什么是核心人才？媒体的核心人才主要有：核心决策成员、优秀制片人、广告经营能手，总数 30 人左右（可以研究选拔标准）。我们还要培养 300 名后备人才,为打造媒体驻在地万亿元文化产业园储备人才。我们要珍惜重用低概率人才,并且勇于承认他们的市场价值,尤其是全台30名核心人才的市场价值(按市价打折付酬)。例如某人,其品德十里挑一,办事十里挑一,创新十里挑一,写作十里挑一,演说十里挑一,那么他出现的概率就是十万分之一,概率$N=(1/10)\times(1/10)\times(1/10)\times(1/10)\times(1/10)=1/10^5$,公式$N=(1/n_1)\times\cdots(1/n_k)$。

谁都知道,个人职务是组织给的,有没有作为与个人素质相关,德才不配位,给了位子也干不好。一流的事业必须由一流的人才来做,否则事与愿违。我们要努力提升自我修养,厚德载物、自强不息,对待工作精益求精,在工作中不断提高智商、情商和创新力,执着有为。

超级新战略之六:顺应市场勇于不断改变

广告赢在以销为本。要充分挖掘广告资源潜力,在黄金时段的非饱和状态、非黄金时段、公益广告、新闻栏目、软广植入、全媒体广告通联等方面都要精心安排。

广告胜在客户增量。要巩固老客户,发展新客户,攻关民企500强的大客户。

广告重在管理创新。要深研管理创新,如广告资源配置、资源补偿、客户补偿、分大区管理、适度激励等。

我们一定要争取更大的胜利。我们底气十足,因为我们有一个优秀的领导集体,因为我们拥有专业的团队,因为我们拥有顺应市场而不断改变的能力。

1. 开启"全流程进驻式广告经营管理",势在必行。它是在坚持新闻立台、坚持社会效益第一的前提下,使广告经营管理贯穿于非新闻类节目版权的创作、生产、推广、播出和经营的全过程。

2. 科学合理扩展广告中心职能。设想广告中心更名为:广播电视台节目广告销售公司(国际),或者卫视节目广告销售公司(国际)。

将原来单一广告经营业务,扩展为广告营销、版权交易、国际业务三个板块,可称之为全媒体全领域经营。

在广告业务上,对广告客户开展全媒体全案式服务创新,利用拼图原理降低卫视广告门槛或运用捆绑打包理念降低卫视广告门槛(例如,一个3000万元的客户买15秒广告100次,十个300万元的客户拼在一起同样可以买15秒广告100次),利用卫视广告不饱和时段带动地面频道培养成长型客户。组建:卫视广告成就组,卫视兼顾地面;卫视广告成长组,地面兼顾卫视;卫视广告芒果组,卫视兼顾芒果TV开展对广告客户全案式服务创新,既然客户都喜欢湖南卫视,我们就要让客户过足卫视"瘾"。要让广告经营贯通卫视、芒果TV、地面、广播全部播出平台。

3. 对内理顺结构,优化激励机制(改掉提成制,推行绩效考核制,多劳多得、多优多得、多路多得;建立广告十级制,每三年晋升一级),整合全台资源,释放超级能量。

由以上这六个超级新战略形成智慧三角(台务会、创新智造、广告研究)、资源三角(广告时段、全部IP、全台资源)和行动三角(经营团队、内部协作、外部攻坚),将激发出超凡之力,媒体广告营销部门

(公司)一定能够克服艰难险阻,写出更加辉煌的一页。

四、针对客户的资源补偿

从每年广告销售的月份上看,电视广告收入最好的月份是春节前的一个月,然后过完年消费呈现低谷,3月、4月广告投放也呈现疲态,暑假7月、8月收视比较好,相应广告也会不错,但也有例外,2016年暑期广告营销不理想。

以每日而言,广告黄金时段,是指每天20:00至22:00的时段,非黄金时段是指白天及22:00至24:00时段。黄金时段由于收视率高、广告影响大,所以广告卖得贵,这个时间段的广告时间资源值钱。与此相反,非黄金时段的广告时间资源不值钱。

过去广告黄金时段处于饱和状态,即广告客户排满整个时段,没有剩余时间可以再安排其他广告客户。2014年、2015年尤其如此,直到2016年上半年卫视广告提价,才出现不饱和,即黄金时段仍有没卖出去的广告时间,出现广告资源的闲置。在非黄金时段,常常出现非饱和状态,一些时段没有客户投放广告。

对每个广告时段而言,广告价值最高的广告通常是第一条广告,其次是第二条广告和倒数第一条广告,再次是第三条广告和倒数第二条广告,以此类推。下面,我们依次介绍客户评估及资源补偿等五个问题。

(一)客户评估

主要观察客户广告投放总量、成长性(如某企业投放广告越来多)、前瞻性（如互联网新兴企业）等。直接企业一个季度投放广告 1 亿元而且按月及时付款，或者广告代理公司每年投放增加，都可视为优质客户。

（二）开发广告新品及定价（播出前）

根据年度任务目标，梳理营销资源、结合市场实际，制定广告产品价格体系（刊例），报台党委、台务会审议通过后公布实施。

可以个性化定制广告。例如：春季套装、食品套装，也可以围绕节目设计，例如为《偶像来了》设计"我是闺蜜圈"等。

（三）广告价格下调（播出前）

1. 根据市场情况，当广告资源处于饱和稀缺状态时，可以考虑涨价，反之就要降价。

2. 对于优质客户，例如单一品牌的客户，它全年在我部投放广告 3 亿元，或者 5000 万~1 亿元、2000 万~5000 万元等门槛且每月客户发来订单者，我们会按一定规矩对客户优惠性下调广告价格，或者赠送广告资源配置，明确定质（黄金时段、非黄金时段）和定量（多长广告时间）。达不到门槛者，不赠送广告资源配置。

3. 招标溢价幅度异常时，要进行资源补偿。在广告招投标时，一般采用暗标，然后公开。例如某个时段的广告招标，投标第一名出价 12 万元，第二名出价 7 万元，这时两者悬殊达到 42% 超过 30%，此时第一名会提出要求给予资源配置补偿。又如《歌手》广告招标，15 秒第一条广告 12 次价格 600 万元，合 50 万元/次，如果卫视广告部提出

第一条广告要加收30%等于65万元/次,客户出价900万元,合75万元/次,这时客户会要求补给他10万元/次,12次共120万元,或者对应广告资源。

(四) 各种原因导致客户投放性价比下跌(播出后)

1. 收视率异常。例如《人民的名义》两个月收视率达到3%,而《思美人》收视率下降到只有1%,原定广告价格13万元/次,每次播出15秒,此时客户要求要么停单,要么增加40%的广告补播时间。

2. 编排变化。例如《向往的生活》原定20:30播出,执行了3期,然后调到22:00播出,导致合同标的的变化。

假设黄金档广告标的1.2亿元,非黄金档是8000万元,差价是4000万元,即有0.4亿元/1.2亿元=33.33%,应该补偿4000万元的播出资源。

一般来说,频道总编室节目编排至少要提前2个月定下来,给广告业务员一个充足的营销时间,如果只给半个月的提前量,再好的节目也来不及拉广告。

3. 植入广告不足。例如,夏普公司认为在《歌手》中植入的广告做得不好,一季节目投放3600万元,要确保400秒广告,可是实际结果播出频率、播出时长都不够。于是台广告部就要做相应的补偿。

(五) 全案代理

1. 全案代理是指为广告客户提供全套广告业务服务。它包括为客户提供广告投放策略、媒介选择、传播主题(功能、使用价值、社会公益)、广告片创意设计、拍摄制作等。客户一般喜欢各类专业化的广告服务公司,而不喜欢全案代理的大包干,但也有例外的客户。

2. 用广告资源换取客户产品销售的既得利益。例如,化妆品通常在天猫、唯品会、聚美优品等电商推销,如果加入卫视广告资源入伙,则可以由化妆品生产商、电商、卫视广告三家分配产品营销利润。

3. 用广告资源换取远期利益。例如,广告公司投 5000 万元现金给 B 轮融资的《项目 A》,当时 PE 是 15;到 C 轮融资时,广告公司追加 5000 万元广告资源投入《项目 A》公司,此时 PE 是:45,比先前 B 轮增加了 3 倍,如果是上市公司,意味着市值增加了 3 倍,过去 B 轮投入的 5000 万元,现在已经升值为 1.5 亿元了;如果是非上市公司,公司的价值要通过成长性评估,才能确定 B 轮 5000 万元投入现在 C 轮时的价值。

第三章 N 维产业研究

在这一章中，我们打算用一些简单直观的数学方式，来探讨全媒体的产业发展空间和发展潜力。有人认为，把过去的全部传统行业看作第一维空间，把现在的淘宝、百度、腾讯等互联网企业看作第二维空间，把人工智能 AI 看作第三维空间，这种观点无非是为了突出人工智能 AI 的意义，其实传统行业和淘宝、百度、腾讯都会随着时代的发展而进步，都会和 AI 融合起来。因此，在我们研究媒体文化产业时，不妨把媒体融合、内容产业、媒体相关产业、媒体资本、媒体技术作为五个维度加以分析，然后再在这个基础上扩展到第六个维度……直至第 N 个维度。

3.1 平面空间的发展潜力

在全媒体产业建设过程中有许多参量，这里我们选择融合、版权、产业、资本、技术五个有代表性的参量，借用一种直观的平面几何方式，来探讨一个媒体集团到底还有多大的发展潜力这样一个命题（所选参量的完善程度 100% 定义为 5 分，对应的潜力指数为 0 分，对应的五

边形面积 S_1；把所选择参数的完善程度 0% 定义为 0 分，对应的潜力指数为 5 分，对应的五边形面积 S_2，可以证明，与此相应的正五边形面积 $=KR^2$，$S_1/S_2=KR^2/Kr^2=R^2/r^2$，K 是常数）。

1. 做实融合空间

融合发展评分标准：把"传统广电没有融合发展而且亏损严重，传统广电与新媒体分置处于微亏状态，传统广电与新媒体融合发展收支平衡，传统广电与新媒体融合发展盈利良好，广电已经建设成全媒体而且效益优异"五种情况，分别评为 1 分、2 分、3 分、4 分、5 分。

举例：某主流媒体在融合发展的建设中，传统广电与新媒体分置处于微亏状态，于是评为 2 分，潜力指数 3 分。该媒体力争 3 年实现按照全媒体思维推进主流媒体与新媒体融为一体并力争效益优异，做实融合发展空间获得满分 5 分。

我们往往简单地理解融合发展，即：传统媒体仍然按照老的习惯去运行，生产节目供频道播出，通过卖节目播出时段广告或节目版权来获得收益，同时，把传统媒体生产的节目拿去给新媒体使用，新媒体通过会员制收费或者开发衍生品、游戏等获得收益，而传统媒体给予新媒体的节目独播，使传统媒体的节目影响力扩张受到制约，传统媒体品牌影响力下降，导致全媒体整体效益下滑。实际上，真正的融合发展，是要以互联网思维来建设传统媒体和新媒体，同时要优化新媒体的盈利模式（除了新媒体广告、网络视频节目收益，商品推广、生活及旅游服务都可以做），确保新媒体自身盈利。在条件成熟时，探讨取消频道制，直接将内容、用户、消费组合成部，按照信息、娱乐、游戏等分类，然后通过互联网、移动互联网、广电网播出和互动，充分感受"开放、共享、用户、互动"的力量和巨大效益。

2. 做实内容空间

所谓内容，指的是广播电视节目内容生产，由此关联的是节目版权。对节目版权的评分标准：实现媒体集团所有节目版权的确权、授权和维权的职责，同时，设版权产业收入达到卫视广告收入的比例为 X_b，当 X_b 处在以下某个区间：$1\% \leqslant X_b \leqslant 10\%$、$10\% < X_b \leqslant 20\%$、$20\% < X_b \leqslant 30\%$、$30\% < X_b \leqslant 40\%$、$X_b > 40\%$ 时，其对应的分值分别为 1 分、2 分、3 分、4 分、5 分。需要指出的是，这种评分办法比较简单易行，如需精确计算，可引用数学插入法做精确计算。

举例：某广电台版权收入为 1 亿元，占其广告收入的 1.5%，可见 X_b 处在区间 $1\% \leqslant X_b \leqslant 10\%$ 内，因此评分为 1 分，潜力指数为 4 分。力争三年左右，实现全集团版权产业收入达到卫视广告收入的 40%以上，做实版权空间获得满分 5 分。

3. 做实产业空间

产业评分标准：设广电集团产业收入占总收入的百分比为 X_c，当 X_c 处在以下某个区间：$0\% \leqslant X_c \leqslant 10\%$、$10\% < X_c \leqslant 30\%$、$30\% < X_c \leqslant 50\%$、$50\% < X_c \leqslant 70\%$、$X_c > 70\%$ 时，其对应的分值分别为 1 分、2 分、3 分、4 分、5 分。

举例：某媒体集团产业利润占媒体全部利润的 10%，可见 X_c 处在

区间 $0\% \leqslant X_c \leqslant 10\%$，因此评为 1 分，潜力指数为 4 分，力争三年实现集团产业利润占到总利润 75%，做实产业空间获得满分 5 分。

我们认为，在当下媒体的产业建设十分重要。一是传统媒体广告市场萎缩；二是主流媒体创办的新媒体可能盈利状况不佳；三是电视购物频道又受到电商的挤压，使主力媒体的生存和发展困难重重，此时建设优良的媒体产业生态变得尤为重要。

媒体产业主要由内容产业、新媒体视频网产业、电视购物、电商、服务业等组成。

内容产业的生产包括电视剧、综艺、节目衍生品（DVD、在线视频）开发等，变现主要是广告收益和版权的多重营销。

新媒体视频网的变现主要是广告、会员制、内容衍生游戏、大数据分析指导下的商品推送、教育、体育、养生、旅游、餐饮等服务，要采取一切合理的措施确保视频网盈利。

服务业包括视频产业园的场地租赁、第三产业与媒体的关联收益等。

4. 做实资本空间

资本评分标准：以可支配资金量为计分依据，设广电集团可支配资金数量为 X_d，当 X_d 处在以下某个区间：1 亿元 $\leqslant X_d \leqslant$ 10 亿元、10 亿元 $< X_d \leqslant$ 20 亿元、20 亿元 $< X_d \leqslant$ 40 亿元、40 亿元 $< X_d \leqslant$ 60 亿元、$X_d >$ 60 亿元时，其对应的分值分别为 1 分、2 分、3 分、4 分、5 分。

例如，某广电集团账上现有可支配资金 30 亿元，于是 X_d 处在区间

20 亿元<X_d≤40 亿元，对应评分值为 3 分，则其潜力指数为 2 分。力争五年左右，实现全集团账上可支配资金达到 60 亿元以上，且用集团部分资产包装上市市值 1000 亿元，实现做实资本空间满分 5 分。

资本重组。假设媒体上市股本设定为 32 亿股，2015 年全集团广告和产业创收共计 80 亿元，集团企业利润 20% 即 16 亿元，则每股收益 16÷32=0.5 元，按照证监会行业板块，3 月 6 日全部 14 只广播电视股票均价是 33.37 元，以此股价推算，则某集团市值 = 33.37×32 = 1068 亿元。如果以该板块同日动态市盈率（PE）均值为 86 计算，股价可以达到 86×0.5 = 43 元，对应市值升至 43×32 = 1376 亿元。因此，某电视台上市之日，即为实现 1000 亿元市值之时。

如果发行时允许流通 20%，设定动态市盈率（PE）= 22，则发行股价为 0.5×22 = 11 元，可实现融资 11×32×20% = 70.4 亿元。

5. 做实技术空间

技术评分标准：主要是对媒体集团的大数据智能处理、节目制作技术、有线无线传输技术、内容网络化传输技术、新媒体技术应用水平以及技术创新等，设定五个成绩考核区间：不合格、合格、较好、好、优秀，其对应分别评定为 1 分、2 分、3 分、4 分、5 分。

举例：某广电集团技术水平较好，但在内容资料网络化传输方面不太理想，且在大数据处理、新媒体技术上不够领先，只能评到分值 3 分，潜力指数 2 分。他们力争五年左右，实现全集团技术在行业领先，内容资源实现台网互动，互联互通，内容发布实现智能化精准投放，且

在新技术上拥有一批自主知识产权,实现技术空间满分5分。

我国部分电视台在内容资源通过技术实现互联互通方面做得不够,存在许多信息孤岛。

所以,我们首先要克服技术壁垒,做到全集团内容数据在技术平台上的融合贯通。其次,在吸收互联网先进技术上要争取主动,要有内在的思考研究,而不仅仅是拿来主义。

在美国硅谷设立办事处,无疑是棋高一着,让电视台在获取新技术上抢先一步。但与此相配套,应该创建广电新技术研究院,建立自己先进的技术参照系。这个研究院以兼职者为主,聘请国内外一流专家,就高新技术、新媒体发展趋势以及用互联网新思维对市场、对用户、对产品、对企业价值链等,进行前瞻性思考和研究。硅谷设立办事处主外,广电新技术研究院主内,二者协调,高效推进对高新技术的有的放矢,有序吸收。例如,因为研究新材料石墨烯,英国曼彻斯特大学两位科学家因此获得了2010年诺贝尔物理学奖。石墨烯,可以使计算机运算速度快100倍,给互联网带来革命性变化。我们关注这些技术,就能掌握技术上的主动。

通过上述分析,借助示意图(见图3-1),前面举例的广电集团现在的融合、内容、产业、资本、技术等参数的分值分别是2分、1分、1分、3分、3分,对应abcde所围成的几何图形。它们的近似平均分值是2分,对应$a_2b_2c_2d_2e_2$所围成的几何图形,相应的能量面积$S_2 = 4k$。电视台今后做实这个平面五边形,五边形5个坐标值都是5分,对应$a_1b_1c_1d_1e_1$所围成的几何图形,相应的能量面积$S_1 = 25k$,S_1是S_2的

6.25倍，这说明该电视台至少拥有625%的发展潜能和企业升值空间。

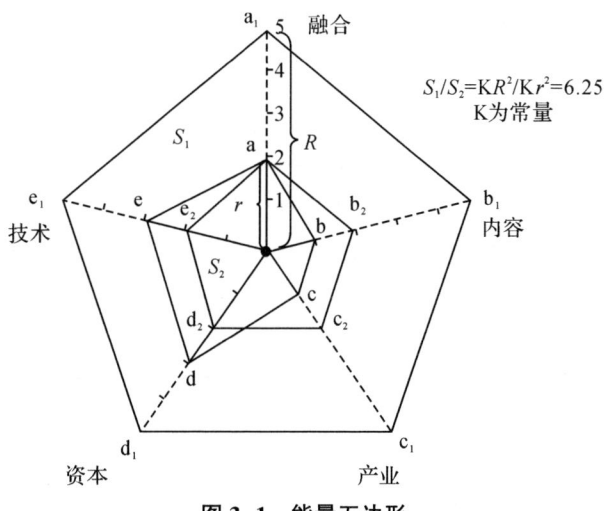

图 3-1 能量五边形

以上是定量分析，我们也可以给出一个定性的推论，那就是一个优秀的广电集团，应该是这样一个集合：一个世界著名的品牌，一支德艺双馨的员工队伍，一套世界领先的内部管理体系，一份规模千亿元的产业，一张有量的纳税单，一个立于世界的强大传媒集团！

3.2 N维产业发展空间

我们将借助上一节的基础，进一步把平面五边形演绎到多维空间，又称之为媒体N维发展空间，再通过对时间变量 t 的讨论，得出可持续发展的相关结论。

3.2.1 正 N 边形面积之比

在实际应用中,当 N=5 时,就回到了第二节的正五边形形态,用来分析融合、内容、产业、资本、技术五个要素对媒体发展的影响。当 N 大于 5 时,可以添加其他项目进来,比如游戏、旅游、智能化产业,等等,但它们的发展增量之比仍然可以用下面的式(3-1)来描述。

正 N 边形,可以看成是 2N 个全等直角三角形组成(见图 3-2),其总面积:

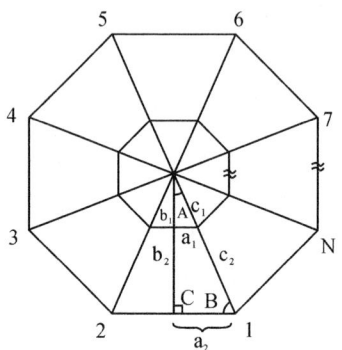

图 3-2 N 维产业组合平面图

$$S_N = 2N \times S$$

$$= 2N \times 1/2 \times C^2 \times \sim\angle B \cos\angle B$$

$$= N \times C^2 \times \sim\angle B \cos\angle B$$

$$= N \times C^2 \times \sim(90° - 360°/2N)\cos(90° - 360°/2N)$$

$$= N \times C^2 \times \sim(90° - 180°/N)\cos(90° - 180°/N)$$

当组成正 N 边形的直角三角形斜边长分别为 C_{2N}、C_{1N} 时，大正 N 边形面积与小正 N 边形面积之比，由上式得：

$$S_{2N}/S_{1N} = C_{2N}^2/C_{1N}^2 \qquad 式（3-1）$$

这说明二个正 N 边形面积之比，同样与斜边 C 的长度有关，与角度 B 无关，即与多边形的边数无关。

于是，式（3-1）又可以简化成：

$$S_{2N}/S_{1N} = C_2^2/C_1^2 \qquad 式（3-2）$$

3.2.2 正 N 边形体积之比

如果我们假设正 N 边形有体积，且有高度 t，则它们的空间体积之比为（见图 3-3）：

$$V_{2N}/V_{1N} = S_{2N} \times t_{2N}/S_{1N} \times t_{1N} = (C_{2N}^2 \times t_{2N})/(C_{1N}^2 \times t_{1N}) \qquad 式（3-3）$$

当时间 $t_{2N} = C_{2N}$ 时，时间 $t_{1N} = C_{1N}$ 时，$V_{2N}/V_{1N} = (C_{2N}^2 \times C_{2N})/(C_{1N}^2 \times C_{1N}) = C_{2N}^3/C_{1N}^3$

根据式（3-2），可得：

$$V_{2N}/V_{1N} = C_{2N}^3/C_{1N}^3 = C_2^3/C_1^3$$

于是，当 $C_2 = 5$、$C_1 = 2$ 时，两个正 N 边形的空间体积之比为：$V_{2N}/V_{1N} = 5^3/2^3 = 125/8 = 15.625$，是第二节所得结论"6.25 倍"的 2.5 倍，由此可见，引入时间参量 t 以后，我们可以看到在多维产业发展空间中，时间上可持续发展具有倍速增效的作用。因此，在研究 N 维产业发展空间时，效益优先是我们选择项目的优先考虑因素。

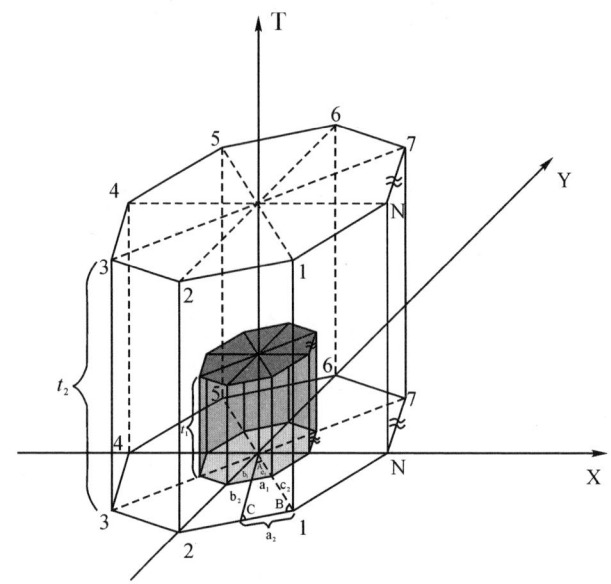

图 3-3 N 维产业组合空间图

3.2.3 N 维产业盈利能力

我们可以把高度 t 看成时间,由式(3-3)我们可以得到如下结论:

当 $t_{2N}=0.5t_{1N}$ 时,$V_{2N}/V_{1N}=0.5S_{2N}/S_{1N}$,说明产业发展不健康,盈利能力下降,缺乏可持续发展能力;

当 $t_{2N}=t_{1N}$ 时,$V_{2N}/V_{1N}=S_{2N}\times t_{2N}/S_{1N}\times t_{1N}=S_{2N}/S_{1N}$,说明产业增长和面积增长数相等;

当 $t_{2N}=2t_{1N}$ 时,$V_{2N}/V_{1N}=2S_{2N}/S_{1N}$,产业发展出现倍增;

当 $t_{2N}=Nt_{1N}$ 时,$V_{2N}/V_{1N}=NS_{2N}/S_{1N}$,产业发展出现 N 倍增长,说明我们选择可持续盈利的项目时,产业发展将会出现 N 倍增长。

3.3 人工智能 AI 与智慧广电

在 N 维产业组合中，媒体未来最有价值的产业，是人工智能在媒体中的应用。传统媒体要想从"广告收入腰斩"的颓势中突围出来，只能走融合发展之路，用互联网思维办媒体，在针对受众的节目和广告的精准推送上实现全新突破，当然，这样做的基础是人工智能在大数据处理中的应用。

人工智能（Artificial Intelligence），英文缩写为 AI。它是运用计算机技术来研究、开发用于模拟、延伸和扩展人的智能的理论、方法、技术及应用系统的一门新的技术科学。人工智能是计算机科学的一个分支，它企图了解智能的实质，并生产出一种新的能以人类智能相似的方式做出反应的智能机器，该领域的研究包括机器人、大数据处理、算法语言、深度学习能力、运算速度、语音识别、图像识别、感应器识别、信息安全、动作伺服等。"人工智能"一词最初是在 1956 年 Dartmouth 学会上提出的。从那以后，研究者们发展了众多理论和原理，人工智能的概念也随之扩展。2006 年，加拿大的 Hinton 发明了一种训练深层网络的新思路，随后以三篇论文炸开了深度学习算法的突破口。很快，又有公司发明了用于支持深度学习算法的新型芯片，大大改善了旧芯片计算能力不足的问题。在算法语言和运算能力的支持下，互联网存储了 20 多年的大量数据终于找到了它历史的使命：训练机器，于是第三次人工智能热潮被掀起了。人们通常以为人工智能技术就是机器人技术，但实

际上人工智能技术早已广泛应用于工业、医疗和新媒体等各行各业。

3.3.1 AI 概况

人工智能 AI 在推理、思考、联想等智力功能上与人类大脑仍有差距，目前，AI 的发展水平整体上只能算是处于"初级阶段"，要想让人工智能机器接近人类的水平还需要一些时日。

人工智能发展的基础在于算法语言、运算能力和大数据处理，三者缺一不可。中国拥有庞大的数据库，在算法语言上也不落后，唯独在芯片运算能力这一领域稍有差距，影响了 AI 产品的性能。

根据腾讯研究院 &IT 桔子联合发布的《2017 年中美人工智能创投现状与趋势研究报告》统计数据，国内人工智能公司主要业务范围有四大板块：（1）智能机器人与无人机相关技术创业；（2）语义分析、语音识别、聊天机器人等自然语言系列的技术；（3）人脸识别、视频与监控、自动驾驶、图像识别等计算机视觉系列的技术；（4）情感计算，这种综合了心理学、语义、视觉、环境感知等多种技术的复杂应用技术也在慢慢成长中，这类企业正在尝试产业的探索与创新，前景广阔，但是目前处于热度排行末端。

从行业上看，医疗行业成为 AI 应用最为火热的行业，其中包括了医疗影像诊断、医学病历分析等方向，目前弱人工智能更容易在医学这种专业性较强但不要求通用能力的行业发挥作用；汽车行业则凭借自动驾驶相关 AI 技术脱颖而出，位列第二，有 80 家 AI 公司业务和汽车相关，其中 30 家专注于自动驾驶相关技术；排在之后的 AI 技术行业应用方向包括了教育、金融、制造、安防、家居等行业。

例如，汽车公司推出的智能防撞系统（主动刹车技术）就含有智能属性，它能够帮助司机避免城市交通常见的低速行驶时的追尾事故，最大程度避免损失。有数据统计表明，75%的追尾事故都发生在大约30km/h 的速度下，智能防撞系统正是这些事故的克星。当车辆的速度下降到 30km/h 时，这套系统就会自动启动，通过前风挡上的光学雷达系统监视交通状况，尤其是车头前 6 米内的情况。当前车刹车、停止或者有其他障碍物的时候，这套系统首先会自动在刹车系统上加力，以帮助驾驶员在做出动作前缩短刹车距离；或者它还可以通过调整方向盘，来改变车辆行驶路径，以避开障碍物。当然，如果距离障碍物已经很近，这套系统会自动紧急刹车而无须驾驶员的操作。该系统的分析计算速度达到每秒 50 次，可以根据距离和车速等方面准确地分析出需要在什么时候刹车，才能够避免事故的发生。系统在白天和夜间都可以正常使用，不过和其他一些雷达装置一样，在有雾、下雨和下雪的时候会受到一定的限制。从这个例子中，我们看到智能防撞系统需要一定的数据、应用算法、运算速度。

又例如，在英语教学中，一些英语教师有浓厚的地方口音，英语发音也不够标准，影响了英语教学质量，但如果采用机器人来教英语课，不仅普通话、英语都能说得很标准，而且还可以根据需要，讲出标准的牛津英语或是美式英语。

中美两国在 AI 上的情况对比如下：

1. 企业数量差距。截至 2017 年 6 月 30 日，全球人工智能企业总数达2542家,其中美国拥有1078家,占全球人工智能企业总量的41%;中国拥有592家,占23%,排名第二。中美两国相差486家。

2. 投资金额差距。美国AI公司总融资金额达978亿元,占据全球总融资的50.10%;中国以635亿元位居第二,占据全球AI公司总融资额的33.18%。

3. 人才团队差距。在AI领域中国的人才总储量低于美国,美国的AI人才总储备达78700人,中国的人才总量仅有39200人,人才储备总量不及美国的50%。目前中国人工智能的人才培养已成为一个发展的关键问题,人才缺失可能会对中国未来AI产业的发展产生牵制作用。

4. 美国AI存量市场超过中国,但在投融资速度与获投率方面,中国要胜美国一筹,对于AI初创公司来说,中国环境更适合创业。美国AI公司从成立到种子/天使轮的平均时间需要14.8个月,中国则需要9.7个月,中国AI公司的早期获投速度明显比美国快很多。

国内公司如:地平线机器人、中科创达、深鉴科技、云天励飞、异构智能、寒武纪、西井科技、浩思智慧、全志科技、启英泰伦等,主要从事算法硬件化、类脑芯片、特定用途集成电路(ASIC)、现场可编程门阵列(FPGA)、系统级芯片即片上系统(SoC)的开发。

3.3.2 国家战略

2017年7月8日,国务院印发《新一代人工智能发展规划》,要求各级政府贯彻执行。在这份发展规划中,国家就人工智能的战略态势、总体要求、战略目标、重点任务等都做了科学、详尽的规划,这份文件是指导我国今后发展人工智能的纲领性文件，我们摘录其中部分内容如下：

一、战略态势

人工智能发展进入新阶段。经过60多年的演进，特别是在移动互联网、大数据、超级计算、传感网、脑科学等新理论新技术以及经济社会发展强烈需求的共同驱动下，人工智能加速发展，呈现出深度学习、跨界融合、人机协同、群智开放、自主操控等新特征。受脑科学研究成果启发的类脑智能蓄势待发，芯片化、硬件化、平台化趋势更加明显，人工智能发展进入新阶段。当前，新一代人工智能相关学科发展、理论建模、技术创新、软硬件升级等整体推进，正在引发链式突破，推动经济社会各领域从数字化、网络化向智能化加速跃升。

人工智能成为国际竞争的新焦点。人工智能是引领未来的战略性技术，世界主要发达国家把发展人工智能作为提升国家竞争力、维护国家安全的重大战略，加紧出台规划和政策，围绕核心技术、顶尖人才、标准规范等强化部署，力图在新一轮国际科技竞争中掌握主导权。

人工智能成为经济发展的新引擎。人工智能作为新一轮产业变革的核心驱动力，将进一步释放历次科技革命和产业变革积蓄的巨大能量，并创造新的强大引擎，重构生产、分配、交换、消费等经济活动各环节，形成从宏观到微观各领域的智能化新需求，催生新技术、新产品、新产业、新业态、新模式，引发经济结构重大变革，深刻改变人类生产生活方式和思维模式，实现社会生产力的整体跃升。

我国发展人工智能具有良好基础。国家部署了智能制造等国家重点研发计划重点专项，印发实施了"互联网+人工智能"三年行动实施方案，从科技研发、应用推广和产业发展等方面提出了一系列措施。经过多年的持续积累，我国在人工智能领域取得重要进展，国际科技论文发表量和发明专利授权量已居世界第二，部分领域核心关键技术实现重要突破。语音识别、视觉识别技术世界领先，自适应自主学习、直觉感知、综合推理、混合智能和群体智能等初步具备跨越发展的能力，中文信息处理、智能监控、生物特征识别、工业机器人、服务机器人、无人驾驶逐步进入实际应用，人工智能创新创业日益活跃，一批龙头骨干企业加速成长，在国际上获得广泛关注和认可。

同时，也要清醒地看到，我国人工智能整体发展水平与发达国家相比仍存在差距：（1）缺少重大原创成果，在基础理论、核心算法以及关键设备、高端芯片、重大产品与系统、基础材料、元器件、软件与接口等方面差距较大；（2）科研机构和企业尚未形成具有国际影响力的生态圈和产业链，缺乏系统的超前研发布局；（3）人工智能尖端人才远远不能满足需求；（4）适应人工智能发展的基础设施、政策法规、标准体系亟待完善。

二、总体要求

指导思想：全面贯彻党的十八大和十八届三中、四中、五中、六中全会精神，深入学习贯彻习近平总书记系列重要讲话精神和治国理政新理念、新思想、新战略，按照"五位一体"总体布局和"四个全面"战略布局，认真落实党中央、国务院决策部署，深入实施创新驱动发展战略，以加快人工智能与经济、社会、国防深度融合为主线，以提升新一代人工智能科技创新能力为主攻方向，发展智能经济，建设智能社会，维护国家安全，构筑知识群、技术群、产业群互动融合和人才、制度、文化相互支撑的生态系统，前瞻应对风险挑战，推动以人类可持续发展为中心的智能化，全面提升社会生产力、综合国力和国家竞争力，为加快建设创新型国家和世界科技强国、实现"两个一百年"奋斗目标和中华民族伟大复兴与中国梦提供强大支撑。

三、战略目标（分三步走）

第一步，到2020年人工智能总体技术和应用与世界先进水平同步，人工智能产业成为新的重要经济增长点，人工智能技术应用成为改善民生的新途径，有力支撑进入创新型国家行列和实现全面建成小康社会的奋斗目标。

1. 新一代人工智能理论和技术取得重要进展。大数据智能、跨媒体智能、群体智能、混合增强智能、自主智能系统等基础理论和核心技术实现重要进展，人工智能模型方法、核心器件、高端设备和基础软件等方面取得标志性成果。

2. 人工智能产业竞争力进入国际第一方阵。初步建成人工智能技术标准、服务体系和产业生态链，培育若干全球领先的人工智能骨干企业，人工智能核心产业规模超过1500亿元，带动相关产业规模超过1万亿元。

3. 人工智能发展环境进一步优化，在重点领域全面展开创新应用，聚集起一批高水平的人才队伍和创新团队，部分领域的人工智能伦理规范和政策法规初步建立。

第二步，到2025年人工智能基础理论实现重大突破，部分技术与应用达到世界领先水平，人工智能成为带动我国产业升级和经济转型的主要动力，智能社会建设取得积极进展。

1. 新一代人工智能理论与技术体系初步建立，具有自主学习能力的人工智能取得突破，在多领域取得引领性研究成果。

2. 人工智能产业进入全球价值链高端。新一代人工智能在智能制造、智能医疗、智慧城市、智能农业、国防建设等领域得到广泛应用，人工智能核心产业规模超过4000亿元，带动相关产业规模超过5万亿元。

3. 初步建立人工智能法律法规、伦理规范和政策体系，形成人工智能安全评估和管控能力。

第三步，到2030年人工智能理论、技术与应用总体达到世界领先水平，成为世界主要人工智能创新中心，智能经济、智能社会取得明显成效，为跻身创新型国家前列和经济强国奠定重要基础。

1. 形成较为成熟的新一代人工智能理论与技术体系。在类脑智能、自主智能、混合智能和群体智能等领域取得重大突破，在国际人工智能研究领域具有重要影响，占据人工智能科技制高点。

2. 人工智能产业竞争力达到国际领先水平。人工智能在生产生活、社会治理、国防建设各方面应用的广度深度极大拓展，形成涵盖核心技术、关键系统、支撑平台和智能应用的完备产业链和高端产业群，人工智能核心产业规模超过1万亿元，带动相关产业规模超过10万亿元。

3. 形成一批全球领先的人工智能科技创新和人才培养基地，建成更加完善的人工智能法律法规、伦理规范和政策体系。

四、重点任务

立足国家发展全局，准确把握全球人工智能发展态势，找准突破口和主攻方向，全面增强科技创新基础能力，全面拓展重点领域应用深度广度，全面提升经济社会发展和国防应用智能化水平。

布局前沿基础理论研究。针对可能引发人工智能范式变革的方向，前瞻布局高级机器学习、类脑智能计算、量子智能计算等跨领域基础理论研究。高级机器学习理论重点突破自适应学习、自主学习等理论方法，实现具备高可解释性、强泛化能力的人工智能。类脑智能计算理论重点突破类脑的信息编码、处理、记忆、学习与推理理论，形成类脑复杂系统及类脑控制等理论与方法，建立大规模类脑智能计算的新模型和脑启发的认知计算模型。量子智能计算理论重点突破量子加速的机器学习方法，建立高性能计算与量子算法混合模型，形成高效精确自主的量子人工智能系统架构。

开展跨学科探索性研究。推动人工智能与神经科学、认知科学、量子科学、心理学、数学、经济学、社会学等相关基础学科的交叉融合，加强引领人工智能算法、模型发展的数学基础理论研究，重视人工智能法律伦理的基础理论问题研究，支持原创性强、非共识的探索性研究，鼓励科学家自由探索，勇于攻克人工智能前沿科学难题，提出更多原创理论，做出更多原创发现。

做好八个方面的基础理论研究：

一是大数据智能理论。研究数据驱动与知识引导相结合的人工智能新方法、以自然语言理解和图像图形为核心的认知计算理论和方法、综

合深度推理与创意人工智能理论与方法、非完全信息下智能决策基础理论与框架、数据驱动的通用人工智能数学模型与理论等。

二是跨媒体感知计算理论。研究超越人类视觉能力的感知获取、面向真实世界的主动视觉感知及计算、自然声学场景的听觉感知及计算、自然交互环境的言语感知及计算、面向异步序列的类人感知及计算、面向媒体智能感知的自主学习、城市全维度智能感知推理引擎。

三是混合增强智能理论。研究"人在回路"的混合增强智能、人机智能共生的行为增强与脑机协同、机器直觉推理与因果模型、联想记忆模型与知识演化方法、复杂数据和任务的混合增强智能学习方法、云机器人协同计算方法、真实世界环境下的情境理解及人机群组协同。

四是群体智能理论。研究群体智能结构理论与组织方法、群体智能激励机制与涌现机理、群体智能学习理论与方法、群体智能通用计算范式与模型。

五是自主协同控制与优化决策理论。研究面向自主无人系统的协同感知与交互，面向自主无人系统的协同控制与优化决策，知识驱动的人机物三元协同与交互操作等理论。

六是高级机器学习理论。研究统计学习基础理论、不确定性推理与决策、分布式学习与交互、隐私保护学习、小样本学习、深度强化学习、无监督学习、半监督学习、主动学习等学习理论和高效模型。

七是类脑智能计算理论。研究类脑感知、类脑学习、类脑记忆机制与计算融合、类脑复杂系统、类脑控制等理论与方法。

八是量子智能计算理论。探索脑认知的量子模式与内在机制，研究高效的量子智能模型和算法、高性能高比特的量子人工智能处理器、可与外界环境交互信息的实时量子人工智能系统等。

加快推进产业智能化升级。推动人工智能与各行业融合创新，在智能制造、智能农业、智能物流、智能金融、智能商务、智能家居等重点行业和领域开展人工智能应用试点示范，推动人工智能规模化应用，全面提升产业发展智能化水平。

前瞻布局新一代人工智能重大科技项目。针对我国人工智能发展的迫切需求和薄弱环节，设立新一代人工智能重大科技项目。加强整体统筹，明确任务边界和研发重点，形成以新一代人工智能重大科技项目为核心、现有研发布局为支撑的"1+N"人工智能项目群。"1"是指新一代人工智能重大科技项目，聚焦基础理论和关键共性技术的前瞻布局。"N"是指国家相关规划计划中部署的人工智能研发项目，重点是加强与新一代人工智能重大科技项目的衔接，协同推进人工智能的理论研究、技术突破和产品研发应用。

3.3.3 智慧广电

随着人工智能 AI 技术的发展，人工智能在传统广电行业的各个环节都将会有广泛的应用前景，智慧广电主要体现在节目制作、内容分发、内部管理和广告经营等方面。

在节目制作上，智慧摄像、智慧编辑、智慧特技、智慧查询节目素材（通过语音识别、图像识别、环境识别查询节目素材），可以极大地提高节目生产效率，降低节目生产成本。

在内容分发上，通过大数据智能处理，根据受众喜好自动选择节目购买，智慧投放节目内容，智慧推送商品信息，节约受众搜索节目的时间，提高信息的传播效率。

在内部人财物的管理上，智慧管理干部人事，智慧选拔合适的人到合适的岗位任职，智慧评价人才等级，智慧核算生产成本，智慧优化资金使用，智慧优化设备调度，提高整个媒体网络的运营效益。

在广告经营上，运用人工智能把大数据玩好，将新媒体广告和卫视广告采用人工智能统筹管理，竭力发展亿万网民和数十万广告投放企业，我们就能创造奇迹，取得媒体融合发展的决定性胜利。

随着人工智能深度学习功能的加强、算法的进步以及大数据智能处理系统的进一步完善，人工智能将会在媒体中发挥极为重要的作用，甚至可以说，在传统媒体融合发展的进程中，尤其是在内容分发上，能够充分运用人工智能匹配每位受众的动态数据模型，通过媒体全部平台精准分发节目内容和商品信息，那么传统媒体就实现了向全媒体的华丽转变，获得新的生命，迎来新的市场，传统媒体将释放出类似于核聚变的能量。为此，我们下面将重点介绍内容的智能分发。

3.3.4 智能分发

科学技术的发展，深刻改变着人们的生活方式。不看电视、不看报纸，已经成为当今一些人的习惯。这些变化，使传统媒体市场向新媒体市场发生迁移。在新媒体中，随着人工智能和大数据的介入，广告的精确投放成为现实，新媒体广告收入倍速增长的现象，令人震撼。传统媒体即使拥有再好的节目，如果失去广告的支撑，也难维系。因此，传统媒体必须改变，否则，迎接它们的只能是衰落和失败。

前面我们已经提到传统媒体与新媒体的融合发展，需要用互联网思维来办传统媒体，传统媒体必须在思维和行为上有根本的转变。要广泛与政府各部门、企业、商业、社会各界及受众用户建立丰富的信息收集和推送渠道；通过人工智能收集用户大数据，对每个用户建立动态数字模型，再针对用户数字模型发布节目内容和商品广告；鼓励用户开展文章、图片、视频的创新，不断黏住更多用户，扩大日活跃用户数。智能分发平台能够分类处理海量信息，并根据每个用户喜好精确投送信息，它形式优美、内涵丰富、千人千面、人见人爱，这种智能分发平台使传统媒体产生革命性的变化。最明显的事实，就是传统媒体和新媒体广告市场呈现的巨大差异。

一方面，传统媒体市场滑坡不止（主因有三：2013年起市场向新媒体倾斜迁移；经济结构调整和增长速度下调；广告市场的规范管理），加上现象级的节目创新难度加大，民企500强中我们朋友也不多，可能还失掉一些广告投放在千万元级别的中小客户，使传统广告异常难做。如果用200个企业（日均0.5个企业）来实现百亿元广告收入，那么企业平均广告投放5000万元，这个门槛小微企业无法参与。如果做拼盘广告，就可以把小微企业凑在一起聚沙成塔。

另一方面，新媒体市场热火朝天。据悉，"今日头条"有6000人做广告营销（人均任务1000万元），争取发展60万家年均投放10万元的小微企业，再用人工智能把60万个小微企业（日均1600个企业）的广告自动准确投放给 7800 万网民，收入合计 600 亿元。可见，新媒体以人工智能管理大数据为基础，通过技术实现海量网民和企业商家的对接，获得优异的媒体价值变现能力，实现超速发展。

实际上，新媒体平台拥有用户（网民）大数据人工智能管理 DMP 和用户上传内容信息（文章、视频、图片）的人工智能管理 CMP，产品生产企业或者商家的产品信息，通过支付广告费给新媒体公司创意管理平台 CCM，于是创意管理平台在 PCP 技术（规模化、个性化、实时性内容生产的智能化创意表现和制作技术）和 DSP 技术（用户需求接触更加优化精准和互动的技术）的支持下，将智能化 CMP 管理的分类内容信息同智能化 DMP 管理的用户大数据进行精确匹配，实现内容及广告的全自动化精准投送。精准投送的关键，是内容推送引擎力量强大，这就要求引擎具有优异的算法语言（数百万条代码的设计）、运算速度、深度学习能力、网民模型参数、发布方式等。所以，我们又可以说，融合发展首先是要建设好新媒体，关键是建设好新媒体内容推送引擎和做好广告经营。人工智能使新媒体能够自动处理 60 万小微企业的广告投放，这在传统媒体中是不可想象的事情。

➤ 案例 30　精准推送

2006 年中国互联网用户数为 1.3 亿，大专及以上学历者占 91%，2016 年中国互联网用户数 7.3 亿，普及率 53.2%，手机网民占整体网民比例 95.1%（在 2007 年这个比例是 24%），初中高中学历者占 65%，大专及以上学历者占 21%，互联网用户整体年龄在下降。在这样一个互联网背景下,看看"今日头条"创造的精准投放奇迹。"今日头条"没有记者,没有编导,没有节目制作,是一个拿来别人的内容信息加以整理、分发的纯技术平台。但是,能说它不是媒体吗?它是新媒体。我们发现"今日头条"有四个显著特征:

1. 信息智能快速分类处理。0.1 秒内算出推荐结果,3 秒完成文章提取、分类,5 分钟完成视频审核,日均内容发布量 28 万条。

2. 内容的模型化匹配推送。用 5000 个标签给每个网民构建数字形象,而且每 10 秒钟更新一次,形成一个由人工智能管理的用户大数据库;5 秒匹配用户兴趣,实现内容信息和企业广告信息对网民的精确投送,其 APP 推送内容做到万人万面,颠覆手机传统界面。

3. 品牌的病毒式漫延扩张。每天超过 100 亿条资讯会找到对它们感兴趣的人,日均内容点击播放量 30 亿条,每天接受 60 亿次请求,头条号总数大于 80 万个(其中自媒体头条号多于 64 万个,媒体头条号 0.48 万个,国家机关头条号 5.6 万个,企业头条号 10 万个)。

病毒式漫延扩张的措施:通过政府和社会各种渠道传播,包括在传统媒体投放广告。同时,建立创作扶持体系包括基础补贴社区 UGC、中间扶持原创 PGC、高层广电合作 OGC,开辟了"西瓜视频""抖音短视频""火山小视频""内涵段子""图虫""悟空问答"等项目(日平均播放量 800 万次,单条视频最高播放量达到 1400 万次),从社会角度出发,开办"头条寻人""头条追逃""头条学院"等,人工智能深入应用于信息的创作、分发、互动、广告、管理全过程。据悉,这里现有 1.2 万名员工,其中技术工程师、内容审核员(每人日均审核内容 100

条)、广告业务员分别占总人数的 1/4、1/4、1/2，其余人员比例很小。

2017 年 2 月 2 日，"今日头条"宣布全资收购 Flipagram 美国短视频应用。这个短视频创业期间只有三人维护，在引入明星董事之后，产品加速完成蜕变，一度登顶美国 Appstore 榜首。"今日头条"买下它后，Flipagram 成为"今日头条"国际化战略的重要组成部分，但应用本身的汉化程度也暗示着其进入中国市场的可能性。

4. 广告的逻辑化精准投放。"今日头条"的数据处理量超过 7.8PB，大数据库储藏有 190TB 用户资料，经过 3000 位工程师和 4 万台服务器，分析每个客户特征、文章特征、环境特征，运用人工智能对"一套数百万条代码的算法语言系统"加以运算匹配，为 7800 万网民准确投送内容信息和企业广告。仅用五年时间实现广告收入由 300 万元剧增到 170 亿元，2018 年广告收入目标值是 500 亿元（我测算可能会在 350 亿元左右，除非商业模式有重大创新，否则收入增长倍数收敛于 2 附近，见图 3-4），增长 1.6 万倍。

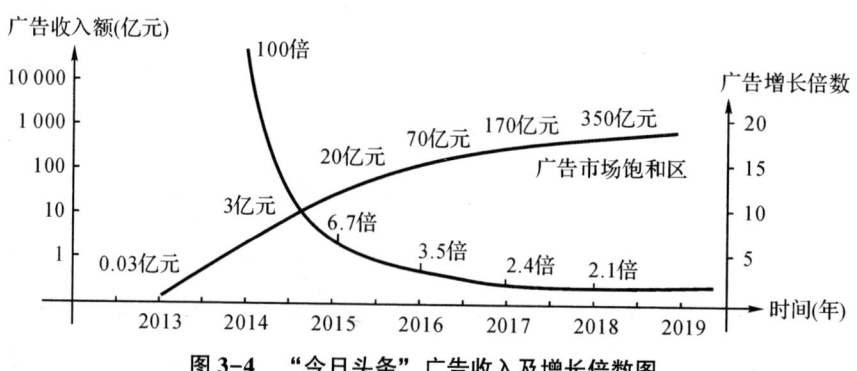

图 3-4 "今日头条"广告收入及增长倍数图

第四章 媒体产业管理

广播电视台的管理主要是宣传、节目生产、版权、财务和人事管理，限于篇幅，本章我们只研究一些与产业关联密切的管理内容。

4.1 版权管理

广播电视台在融合发展过程中，至少有三个有利因素，即优势、机遇和条件。广电拥有节目内容生产团队和创意团队，拥有媒资中的海量版权资源，这是优势；互联网正由 PC 端向移动端转型，向一"云"多屏的趋势发展，这是机遇；政府对互联网行业的秩序，要求越来越严，这是有利条件。这里有一个关键词，那就是我们用什么样的 IP 生态来支撑新媒体战略（注：IP 是英文 Intellectual Property 知识产权的缩写）。

作为主流媒体的广播电视台，在建设新媒体时，需要良好的版权生态做支撑，新媒体需要运作的是媒体的全部版权，版权管理和开发越强大，其溢出效应越大，这是我们对版权生态的期待。其次，版权化生态，是实现新媒体战略的关键基础，要实现这个基础，我们必须统筹全

台版权资源，厘清全部版权权利，把优质、海量、源源不断的纯净版权资源，倾注到我们自己的渠道中，最终实现版权产值和传统媒体广告收入平分秋色，实现全台快速有序发展，这就是媒资内容版权管理和开发的价值所在。

媒体的节目版权管理和开发，是一个直接关系产业开发规模和效益的事情。它不仅在主流媒体的融合发展中产生巨大作用，同时还能够盘活媒体的资源，获得巨大的利益回报，促进媒体发展。节目版权管理和开发的难点，在于节目资源分散，难于统一集中；在于对媒资中的节目内容逐一确权；在于对节目版权管理的认识。下面我们通过分析梳理，提出改善节目版权管理和开发的若干建议，明确版权管理和开发应用的目标是"产权清晰，确保权益；使用便捷，共享资源；有序开发，效益巨大"。

4.1.1 确权授权维权

节目的确权、授权和维权，其法律依据是《中华人民共和国著作权法》。

确权，是对节目知识产权及版权归属的确认。在新建节目时，要明确其版权归属，并用版权协议的方式加以确认，协议要存档。例如，录制一台广播交响乐，那么媒体就要与每一个乐器演奏员签署版权协议，通过支付劳务报酬，获得整台节目的全部版权。又如，录制一台季播电视节目，媒体要与每一位艺员、编导签署版权协议，媒体通过投资制作、支付报酬的方式，获得该节目的所有版权，包括电视播出权、互联网播出权、衍生品开发权等。对于未确权的节目（年代超过50年的，不受版权保护，无须确权），要委托工作人员对其逐一确权。随着版权管理技术的不断进步，节目的确权信息可以随同编目信息一同存储在媒资管理服务器中。

授权，是将节目的使用权，通过协议的方式给予另一方。一般来说，授权通常伴随着版权交易行为，我们有时又把它看成是节目营销活动之一。例如，节目的二次开发，通过版权交易，允许版权购买方公开播放一次或多次，使用一年或多年，在广播电视台播出，在互联网使用，或者无限制使用等，使用权限越大，支付的费用就越高。

维权，是用法律手段维护节目版权所有者的合法权益。未经节目版权所有人授权的使用方，就是侵权者。通常根据侵权情况，要求侵权者赔偿版权所有人相应的经济损失。

4.1.2 境外媒体版权业务状况

境外媒体十分重视内容版权的开发，其版权收入占到总收入的45%~80%（国内媒体的这个比例大约为5%~40%），而且国际传媒都有强大的法务版权管理团队，英国BBC版权部有400人，美国NBC版权部有150人，庞大的版权管理团队确保版权开发获得丰硕的回报。这里有两个案例：

2013年TVB台收入51亿港元，其中，海外版权收入20多亿港元，占TVB总收入45%，该台员工总数约4000人，派驻海外员工1100多人（他们当中70%是营销员，30%是在当地的节目制作人员）。在海外

的收入中，60%是电视节目（这其中，节目交易占70%，租办频道占30%），40%是网络TV。

迪士尼是一个具有91年历史的超级商业集团。2013年其版权收入占到总收入的58%以上。迪士尼版权多重授权营销方式（包括主题乐园、媒体网络、影视娱乐、消费商品、互动等）、延时营销（依次是本土电影、海外电影、新媒体计次付费点播TVOD、付费电视PTV、包月点播SVOD、夹带广告的老片AVOD等）理念使《玩具总动员》总收入达98亿美元。

相比于境外媒体的版权管理和开发，我们主要存在以下差距：

1. 版权意识薄弱，版权收益低。媒体整体版权意识薄弱，主要表现在不懂节目版权的基本知识，不擅长版权管理和版权开发，从而导致在签署各类版权合同时确权不完整，漏洞很多，无法规模开发。同时，版权开发还只停留在传统的节目资料二轮三轮的发行上，基本忽视对自创节目的版权发行和开发。例如，某省级媒资数据库的自制节目版权内容达到30万小时以上，如果按每小时价值10万元计算，出售一次授权价值就有300亿元，但实际上它的版权年销售收入占总收入的比例不到5%，远远低于国际平均水平（通常国际媒体版权开发的平均水平是版权收入占总收入的50%左右）。

2. 缺乏版权管理机构和队伍。许多媒体至今仍没有行之有效的节目管理机构和管理团队，制定和执行版权战略，落实"版权生态建设和创新"，对自主节目谈"三权"、版权"激励机制"、激发创意团队的IP内生动力等都无从谈起。一句话，没有行之有效的管理机构，就无法科

第四章 媒体产业管理

学有效地运用媒体节目这一巨大的核心资源，推动媒体在新媒体及海外市场获取10亿元数量级的版权收益。

3. 版权集中度低，资源流失大。迪士尼版权管理高度集中，全部版权协议都是由美国本土签署发往世界各分公司。我们一些主流媒体的节目版权资源散落在媒体十多个部门，出现"收不拢，找不到，用不动"的现象，版权资源流失严重。许多年代久远的珍贵资料由于没能集中数字化保存，现在连播放机器都找不到了。同时，媒体的媒资由于做不到对节目磁带的集中管理，客观上造成技术装备和资源的浪费。

4.1.3 着力推进媒体版权建设

中央明确要求主流媒体要融合发展，要着力打造一批新型主流媒体。这就为主流媒体实现版权管理的跨越式发展创造了新机遇。于此，我们有如下四点建议：

1. 确立媒体统一的版权生态工程。推进建设高效强力的媒体节目版权管理机制，既是一个系统工程，也是一把手工程。因为无论是推进新媒体战略，还是造就强大的传媒集团，都亟须优先建设版权管理机制，需要媒体上下积极联动，完成许多基础性的工作。例如，统一媒体节目版权集中管理的认识，省级主流媒体用三年左右的时间，集中完成50万小时自主节目的版权媒资录入和版权回溯确认；建立版权管理开发团队，创立全流程的版权管理体系，努力实现版权收入占总收入50%以上。显然，这是一个拥有巨大回报的版权生态工程，理想的管理体系拟是：组建媒体集中统一的版权管理机构，快速强力推进版权生态建设，聚合版权所有者、管理者、经营者、生产者全部能量，实现媒体创新、发展、盈利最大化。

2. 推进内部版权管理机构的建设。推进节目的版权化生态工程需要强有力的机构和团队加以执行。新构建的媒体内部版权管理机构，应该以实现新媒体发展战略为出发点，维护节目创作团队权益，确保媒体无形资产保值增值等多重利益的实现，它是融合法务、版权、媒资、运营于一体的管理部门，其名可叫"版权媒资运营管理中心"。

在管理上着力推进版权管理体系建设，媒体各二级单位设立节目版权管理部，栏目及创意团队设立版权专管员；在确权管理上第一关把在各类节目合同的签署上，为确权提供完整、清晰的证据；在版权营销上采用"集中授权管理，服务分散经营"的体制；在版权收入分配上建章立制，充分调动创意团队积极性，使节目创新源源不断，创新之树长青。

版权管理机构的主要任务有二：

一是制定全台版权发展战略、管理流程、制度、开发方向、协议范本等。发展战略的核心内容是解答何时实现全台版权授权效益占到全台收入50%以上。

二是完成版权化生态的基础性工作。首先，是把数十万小时的节目内容集中注入媒资中并清理版权。其次，在整个节目运行的全流程推行科学有效的版权管理，并依照版权管理战略对它进行有序开发。在管理上，还应该从根本上解决磁带"收不进，查不出，用不上"的问题。

"版权媒资运营管理中心"职能可以考虑如下：

第四章　媒体产业管理

（1）授权开发。负责节目版权的多重开发授权，共享节目版权资源，维护创作团队权益；

（2）确权统计。负责内容生产前端确权，涉及视频、互联网、网游、所有冠名的完全权利的确认，版权信息录入；

（3）法律维权。负责版权起诉，应诉，维权，问责，奖惩；

（4）媒资管理。负责自主知识产权的内容及素材的集中上下载、编目、登记版权信息、多种发布格式转码、数据流量统计；

（5）数据运维。确保内容及版权数据，通过媒体内网实现全媒体范围的实时下载、实时授权、实时对冲结算；

（6）版权研究。负责版权资源统筹、受众分析、版权战略、版权创新。

3. 探讨构建全国主流媒体版权交易网。由于各级广电媒体都在开始用媒资存储节目内容，为版权内容的网络化传输创造了条件，于是由央视挑头，来搭建全国广播电视台数字版权网络交易平台，这在技术和利益分配上不存在障碍。构建这个网络，有利于在全国范围内实现节目版权的资源共享和有偿使用，从而盘活各级广播电视台的原创性节目资源，同时，广泛的节目素材和存量节目资料的汇聚能进一步丰富节目播出，提高广播电视台的两个效益。

4. 强化版权生态管理七个新理念。为实现融合发展，我们在"一云多屏"中，除了能播放海量版权视频，开发好玩有黏度的手游，还能实现版权的多重开发，这需要我们建设优质的版权化生态。为此，我们应该提倡以下七个理念：

(1) 巨大效益的理念：国际上通过多重授权，版权收入最高可达总收入的 80% 甚至以上，而国内省级主流媒体应当力争达到 35% 以上。

(2) 鼓励创新的理念：没有优秀的内容团队，就没有优质节目，"确权、授权、维权"将毫无意义。因此，我们应该通过开发新节目及节目的版权，设计产权激励机制，使生产团队终身受益，不断分享创新成果的利润回馈，使节目生产团队充满活力。

(3) 国际大循环理念：引进版权资源，消化吸收，自主创新，规模出口，加入国际大循环。

(4) 全流程管理理念：节目版权的管理要贯穿到从内容生产、购入到播出、存储、开发的全流程。全流程版权管理，也是对无形资产进行管理的最佳手段。

(5) 全媒体互通理念：媒体内网要把媒资的全部编目信息、版权著录信息、内容数据通联到媒体所有使用者终端（包括台属各频道、台属新媒体），做到实时下载、实时授权、实时对冲、实时结算，共享版权资源。媒资内容版权开发的全部收益，100% 进媒体财务部，然后依据政策对相关人员予以激励，确保创作者权益，使创新的力量用之不竭。

(6) 版媒融合的理念：版权管理与媒资管理机构融合，组成"版权媒资运营管理中心"或者"版权资产中心"等，是当今行业发展趋势，这样做的好处是既能减少内耗，又能提高管理效益。

(7) 传承弘扬的理念：国有媒体肩负着对节目这份重要的人类文

化遗产传承、弘扬的历史使命和社会责任,因此,要对它妥善保存和有效开发,使它永久发挥作用。

我们认为,省级主流媒体用三年左右的时间,实现全媒体节目"产权清晰,确保权益;使用便捷,共享资源;有序开发,效益巨大"这样一个版权管理建设的目标是可行的。这样,媒体就能依靠强大的版权核心竞争力,紧紧黏住新媒体视频用户,同时依托版权资源走出国门,开办海外频道,传播中国声音。由此可见,版权的产业化开发,是建设新型主流媒体的一个重要抓手。

4.1.4 努力做好节目版权开发

媒体节目内容的收集、存储、确权、整理、使用、研究、产业开发和授权交易,构成了一个完整的产业链,其中关键是保存和开发应用。对于媒体而言,对节目内容最为有效的使用除了播出就是版权的规模开发,它能使媒体内容资源变财富,然后财富回馈内容产业的再发展。

由上可见,媒体的版权开发,在经济上效益巨大。通常版权开发的流程是:在确定版权开发主题以后,收集相关资料,编写新节目脚本,使用数字编辑系统,按照脚本的要求,对素材的音频信息、视频信息进行编辑(每台编辑机同样标记入点、出点、合成,几十台编辑机组成一个工作群,若干个工作群共同承担一个节目的后期制作),加入解说配音、背景音乐、字幕、视频特技、片头片尾等。

4.2 预算管理

坚持创新财务管理，不仅关系电视台发展效率，而且关系全集团的安全。推行财务开支全流程预算管理无疑是个好措施。从预算审核，到预算执行过程审核、预算执行结果审核，都按章办事，确保资金使用合理。同时，在财务管理中，应该充分发挥审计部门的作用。此外，还要坚持创新资源管理，关键是要借助物联网技术，联通全集团各频道的资源孤岛，通过"云"实现内容数据以及其他数据的快速流动，通过高效率的多平台分发获得收益。

在媒体对节目的规模化开发中，参与人数众多，实际上是一个大团队作战，需要系统化的财务管理（包括制度建设、经费使用流程、预算管理、投资融资、效益分析、风险防控、财务审计等），其中重中之重是预算管理，人们对预算工作重视和期望，催生预算审核管理者在热运行中，不停地冷思考，改变过去单纯的就预算审核而审核的老套路，构建全新的媒体档案开发的预算管理体系。

4.2.1 预算管理现状

媒体对于节目生产以及产业建设的预算，是通过预算审核委员会审核并确定的。在节目工作的人员薪酬、收集、开发、设备购置、库房扩建、设施维护、办公经费的预算开支上，合理使用经费，才能确保媒体经营利润目标的完成。

但是在预算审核实际工作中，还存在诸如指标不明，行情不清，审核不精，效率不高等一些问题。同时，少数同志在申报预算时，时有虚高；在执行预算时，仍有漏洞；预算审核与预算申报之间，玩起了博弈游戏。如何解决这些问题，我们有如下的思考。

4.2.2 全新预算管理体系

更为激烈的市场竞争，迫使媒体更加重视投入、产出、效益优化，更加注重全新主流媒体生态圈的可持续发展。从管理角度度量，建立全新的预算管理体系，势在必行。

全新的节目预算管理体系，应该是媒体内部管理核心之一，它既要支撑媒体生态圈高速、优质发展，突出效率优先的原则，又要综合考评收视、收入、投入、利润率等多项指标，推动节目预算编制科学化、精细化，并运用回拽力自动调节投入与产出的平衡点，实时掌握预算执行情况，确保媒体经营的效益最大化。

树立效益优先的观点。效益是指消耗与获得的成果之间的比较。传媒产业发展中，在坚持社会效益优先的前提下，我们也要追求节目开发的经济效益，有效益才能发展。投入就要追求产出，要讲求投入产出比，这就要求我们研究这些规律。在节目的开发经营管理中，管理者应该追求效益的最大化。当产出与投入成线性上升阶段，可以继续增加投入；当投入增加，而产出增幅不明显，出现近似平坦的"非线性"关系时（如图4-1所示），就应该停止投入。

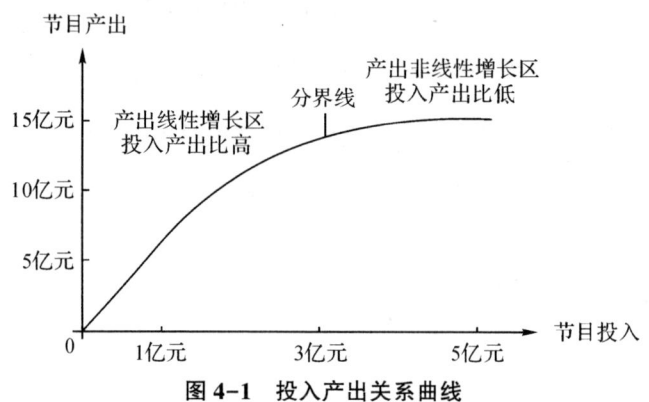

图 4-1 投入产出关系曲线

4.2.3 X、F 参数及投入产出比

这里，首先要明确来年节目二次开发的投入、创收和利润指标，要坚持以效益优先、以收定支，来确定总投入额。值得特别关注的是，在考核和奖励节目的应用开发部门时，我们可以参考微观经济学，引入原创谢氏效益指数 X 的概念。所谓谢氏指数 X（又称效益指数 X），是收入减去成本所得余值与收入之比。针对媒体实际，我们可以给出谢氏效益指数 X 计算公式如下：

$$X = \{[S - C]/S\} \times 100\% \qquad 式（4-1）$$

式中：S = 该节目收入；

C = 该节目成本 = 该节目投入 + 总成本折入 = $C_1 + F \times S$；

C_1 = 该节目投入；

F = 总成本平均折入系数 = 0.58，又称方氏系数。

于是式（4-1）又可以写成：

$$X = \{[S - (C_1 + F \times S)]/S\} \times 100\% \quad \text{式}（4-2）$$

一般来说，效益指数 X 为正值且越大越好，X 大于 20% 表明效益良好，X 大于 30% 表明效益超好；$X=0$ 是盈亏临界点；X 为负值，则表示实际已亏损。

当所有节目的利润平均值发生变化时，系数 F 要适当调整，调整区间为 0.3~0.8，成本越高 F 取值越大。将所有节目的收入、投入、利润率（即效益指数）取平均值代入式（4-2）中，即可求出 F 值。

下面，用一组节目开发数据，分别计算效益指数 X。

《节目版权开发 1》开支预算 0.15 亿元，实际开支 0.078 亿元，冠名 1.05 亿元，总收入 4.59 亿元，效益指数 X 计算如下：

$$X = \{[4.59 - (0.078 + 0.58 \times 4.59)]/4.59\} \times 100\% = 40.3\%$$

《节目版权开发 2》预算 0.15 亿元，实际开支 0.087 亿元，冠名 0.75 亿元，总收入 3.09 亿元，同样计算，效益指数 $X=39.2\%$；

《节目版权开发 3》，预算 0.48 亿元，实际开支 0.39 亿元，冠名 1.05 亿元，总收入 3 亿元，效益指数 $X=29\%$；

《节目版权开发 4》，预算 0.42 亿元，实际开支 0.48 亿元，冠名 1.2 亿元，总收入 2.31 亿元，效益指数 $X=21.2\%$；

《节目版权开发 5》预算 0.288 亿元，实际开支 0.669 亿元，冠名 0.75 亿元，总收入 1.5 亿元，效益指数 $X=-2.6\%$；

《节目版权开发 6》预算 0.24 亿元，预售 0.6 亿元，测算效益指数 $X=2\%$。

现象级的节目二次版权开发，由于品牌优势和不断创新，营销收入高，成本控制好，其效益指数 X 值都在 20% 以上。当效益指数 X 值在 10% 以下时，经营效益就不太好了，处在这个水平的节目，大体上是投入 1 亿元，收入 3 亿元，折入总成本后节目效益属于薄利。当效益指数 X 值是负数时，账面可能有毛利，但折入总成本后，实际利润是亏损。通常，这类节目可能处于成长培育期，或者它的营销还有潜力。对于这类节目，需要决定是继续扶持还是止损停办。

此外，还可应用指数 X，来确定节目开发播出对应的收视奖项的等级额度。对应效益指数 X 处在 10%、20%、30% 等不同区域，分别设定收视奖不同额度，引导节目开发团队降低成本，提高经营效益。

有了上面的分析，我们还可以引入投入产出比概念进一步分析，其计算公式是：

$$投入产出比 = 产出总收入 \div 投入总成本 \qquad 式（4-3）$$

于是，我们仅用直接投入成本替代总成本，计算上述节目的投入产出比，分别得出：《节目版权开发 1》是 59；《节目版权开发 2》是 36；《节目版权开发 3》是 8；《节目版权开发 4》是 5；《节目版权开发 5》是 2，由前面讨论《节目版权开发 5》我们知道它处在微亏状态；《节目版权开发 6》是 2.5。

事实上，当效益 $X=0$ 的时候，由式（4-2）可以推导出：

$$S/C_1 = 1/(1-F) = 1/(1-0.58) = 2.38 \qquad 式（4-4）$$

这说明，当节目开发投入产出比为 2.38 时，对应效益指数 X 为 0，我们也可以由式（4-2）得出，当投入产出比为 3 时，效益指数 $X=8.67\%$，略有盈利。所以通常情况下，我们要求节目开发的投入产出比应该大于3，或者说，节目开发投入1亿元，收入3亿元，这时才有8.67%的效益。

4.2.4 建立预算审核参照系

预算审核比一般的单一管理要复杂许多。所以，标定它的参照系要由六个维度的参量组成。具体表述如下：

第一维度：媒体确定的来年节目开发的收入和利润指标。这是预算审核管理的第一参量，也是预算开支的"总盘子"。

第二维度：往年经费收支决算数据、来年需求、发展目标等。

第三维度：竞争对手的参数，我方应对竞争的策略及姿态（激进还是保守）。

第四维度：过去行之有效的做法。例如，许多开发团队过去经费预算是采用切盘子的办法，从广告收入中5：5分成，自留50%，其余上交媒体。这个方法简单有效，开发团队不仅在自留资金内合理分配预算，精打细算，堵塞漏洞，结果还在账上节余许多资金。当下，我们可否考虑恢复这个办法，让开发团队自己分配内部预算？又例如，过去节目开发申报预算，是财务部与申报开发团队逐一交谈，预算精确到以元为计算单位，而不是现在打包申报预算，粗略到以万元为计算单位，从精细化管理的角度出发，过去这个"逐一交谈"的方法现在仍有价值。

第五维度：政策规定及上级部门的刚性要求。例如办公经费、差旅费、接待费的标准等，作为预算的依据。

第六维度：预算自动控制机制。预算自动控制机制，是《控制论》原理在预算管理上的应用，其原理：当投入超过预期值时，通过约束机制将过大的投入行为往回拽，使投入往预算的预期值靠近的一种控制机制。

在全流程预算管理或者闭环预算管理的条件下，预算自动控制机制由回拽力来实现。回拽力由五部分组成：（1）效益优先的原则（前述的效益指数 X 的应用就属于这个范畴）；（2）有效的内部管理审计机制；（3）各种奖项计算的综合导向设计；（4）预算盘子的内部分配机制；（5）建设 ERP 系统，为此维度提供了强有力的内部管理的科学支撑。限于篇幅，这里不展开叙述。

4.2.5 深度掌握市场的数据

这里关键是要收集和掌握内外行情和数据，主要是两条：

一是媒体领导和相关部门（人事、财务、广告、宣管、预算等）负责人要深入有关开发团队，了解当年预算使用情况及来年的预算需求，掌握节目开发播出的收视率、收入、投入、成本控制、利润的第一手资料（这就要求预算审核委员会要编汇集中收视率、广告收入、投入、其他收支数据），并由此出发，来研究确定各生产经营单位来年创收任务、利润指标和投入额度等。

二是预算审核部门要有专业水平。在媒体，艺人薪酬标准、节目价格、设备报价，是由个别人掌握，甚至连领导也不知道其准确值，但在市场上，这些行情却随处可见，因为艺人、节目、设备一刻也离不开市场。所以，我们要通过各种方式，对节目艺员的行情、节目市场行情、设备行情等做精准了解。同时，统计出财务数据、收视数据、销售数据以及第三方评估机构独立意见的数据，建立分析模型，确定投入、产出和利润的最佳值。

4.2.6 推进全流程预算管理

预算管理，要形成从节目工作的预算申报、预算调研（含用钱部门上报预算）、预算审核（含预算审核委员会对预算进行审核、与用钱单位沟通）、预算审批（由媒体董事会进行）、预算执行、预算审计、预算使用效益评价、预算单位年度综合考评，这样一个完整闭合链，或称全流程预算管理。这个流程涵盖了媒体生态圈的整个经营过程，因此，建立全流程预算管理机制，是实现以效益优先的内部管理最为有效的综合措施，它在管理上起到的是"纲举目张"的作用。

所以，开展全流程预算管理意义十分重大，在很多媒体都把节目预算管理作为"一把手工程"，由一把手亲自主抓。这种内功的增加，会促使我们在效益提升、节目优化、IP整合开发、产业布局上更加合理，我们才会真正强大。

在节目的全流程预算管理中，考核是其中的重要环节。预算制定、审核，关键要落脚在考核结果上。从宏观上讲，对媒体的考核，主要是考核其社会效益和经济效益。考核社会效益可选参数有：主流宣传导向、影响力、美誉度、社会责任、遵纪守法、上级评价、获奖等。考核经济效益可选参数有：投入、产出、利润、成本控制（薪酬、节目生产、购剧、设备、租赁)、效益指数 X 等。

对节目的开发、经营的考核,应由单一的考核收入,延伸到成本、利润、人力薪酬控制,既考核广告收入,也考核产业收入,既考核传统媒体存量,也考核新媒体增量,特别注重国有资产保值增值,真正形成全覆盖、全口径考核。通过考核,全面了解生产经营单位情况,提高生产经营单位经营管理质量,促进效益提升。

在全流程预算管理中,开展内部审计,是减少预算浪费和保护干部的行之有效办法,必须加大内部审计的力度,并提示防范终身追责的风险。

建立预算审核常设机构,是确保媒体经营管理质量、提升经济效能和可持续发展的需要。在预算审核常设机构中,要选聘人事管理、内容开发、财务管理、经营管理、审计监督、战略决策方面忠诚、干净、有担当的专业人士,充实到预算审核常设机构,使预算审核工作权威、高效,为媒体生态圈的发展提供充足的内力。

总之,在媒体董事会的领导下,只要我们坚持预算管理创新,预算审核工作就能够更加科学、有效,也一定能够拿到传媒行业"一流预算管理"的成绩单,我们所得到的,将是一个充满活力的媒体生态园。

4.3 人才管理

人才是媒体的核心战略资源,媒体在市场中的竞争,归根结底是人才的竞争。所以,我们要发现人才、培养人才、使用人才,同时营造良好环境和采用激励方式，充分发挥人才的潜力。

4.3.1 人才

人才，一般是具有超过他人的才干和最有创造性的人。人才是节目产业开发的核心战略资源，所以有"人定胜天"之说。媒体竞争归根结底是人才的竞争。人才除了培养，也需要引进。要引进高端人才，尤其是资本运作、互联网技术、互联网营销方面的高端人才。高端人才具有稀缺性，高端人才是在接受社会通用型的培养之后，经过艰苦的修炼而成长起来的。他们在德（诚实、忠诚、守信、包容、感恩、担责）、做、写、说、创新、自我完善、胆识与激情等方面均有良好表现。高端人才拥有极强的创新力和自我完善能力，他们是主流媒体制胜的本钱。同时，工作需要激情，管理学和实践告诉我们，一个人在同一个岗位上工作，最好不要超过5年，否则，他会失去工作激情，而轮岗是解决这个问题的有效方法。轮岗要坚持"五湖四海"，否则，失去制约会导致出事。

什么是核心人才，传统媒体的核心人才主要有：台务会成员、优秀制片人、广告经营能手，总数30人左右（可以研究选拔标准）。我们要培育300名后备人才，为打造媒体驻在地万亿元文化产业园储备人才。我们要珍惜重用低概率人才 $[N=(1/n_1)\times\cdots\cdots(1/n_k)]$，并且勇于承认他们的市场价值，尤其是全台30名核心人才的市场价值。

当然，作为人才也要积极为决策层提供好的建议，要在创新、做、写、说、修德等方面不断地完善自己，要有雅量接受上司善意的批评，

记住表扬是对过去的承认,批评是对未来的指导。一个人能不能够成功,取决于他实践的平台,取决于他努力的方向,尤其当别人交差了事,他却对任务精益求精,坚持把创新注入任务,时间累计成果就出来。或者说一个人只要智商情商正常,能找对努力方向,工作不断创新,上受领导信任,下能团结员工,持之以恒就能获得成功。

在对待人才的问题上,一是挑选培训,二是信任使用,三是努力营造适合人才成长的企业文化和承认人才贡献的薪酬激励机制,否则,人才就会流走。

培训,是提高团队整体素质的有效办法。

▶ 案例31 培训奇迹

我们曾做过一次尝试,当时在我所负责的团队中,大学本科生只占职工人数的30%,远低于央视音像资料馆和上海音像资料馆的水平。于是,我们用了三年时间,边工作边培训,头两年要求大家每周交一篇短文,刊登到内部学刊《百家村》,后一年在内部成立了"节目视音频修复""节目版权管理""媒资管理""元数据应用""内容发布"五个课题研究组,要求每人至少参与其中两个课题组的研究活动,每个课题组每年完成六篇论文,结果,2010年我们共有八篇论文获中国广播电视协会论文奖,获奖人数占正式聘用员工数的57%,居全国同行之首(当时央视馆获奖率是3%,上海馆获奖率是21%)。这件事说明,培训是能够大幅度提高队伍专业素质的有效措施。

第四章 媒体产业管理

> **案例 32　学习分享**

2017年11月6日，在湖南广播电视台（昵称"芒果台"），由吕焕斌台长主持召开湖南台赴北京大学学习成果分享会，会议安排我作为最后一名发言学员，我的发言全文如下：

"AI"请进门　"芒果"又一春

湖南台赴北京大学研修班学习委员　　谢　方

这次台党委决定，由冯锦副台长带队组织53位同志到北大参加为期一周的素能提升研修班（2017年9月25日至29日）。大家团结紧张，严肃活泼，认真研修。尤其是党群部无微不至地关怀每位学员，为大家完成紧张的学习任务创造了最好的条件。这次北大研修，是我台进入新时代的认知创新。大家见识了什么是北京大学、北大学者和学者思维，收获很大。感悟了时代是思想之母，实践是理论之源，功名易失，思想永存。同志们激动地说：这是一生中所经历的最有质量的培训，更为重要的是它增强了我们的文化自信，希望能多组织干部们参加这样的培训；同志们深情地说：感谢党组织给了我们这么好的学习机会；同志们都这么说：怎么表扬党群部都不为过，建议台党委给党群部记功。

在北大我们一共听了十位教师的课（其中有三位是北大十佳教师），内容涉及中西文化、领导学、创意产业、国学、法治、"一带一路"、党建、从严治党、党管媒体、融合发展等，多数教师满腹经纶，学贯中西。结合教学我们参观了国家博物馆和"今日头条"总部。记得在今年年初一次周例会上，台长介绍过"今日头条"，此次近距离接

触"今日头条",我们感到震撼,这引发我们深度思考如何学以致用,解决传统媒体遇到的挑战。我的学习体会是四句话:认清时运趋势,致力融合发展,兼顾多种经营,防控七种风险。

一、认清时运趋势

展望未来中国经济增长点,突出在五个方面:(1)农业现代化,完成第四次土地改革;(2)工业4.0时代,即"自动化+信息化+智能化";(3)智能数字信息产业;(4)人民币国际化;(5)文化产业。新时代中国经济的语言是"科技智能+万物互联+文化产业"。

再来看传媒行业,形势非常严峻。依靠智能化大数据技术的新媒体获得高速发展,依赖数字电子制播技术的传统媒体发展遇到困难。现在许多二、三线卫视收视率跌至0.1%以下,某省140家县级媒体负债经营的超过90%,许多台连发工资都困难。从全国范围看,传统媒体广告收入日渐下降。在传统媒体中,湖南台是为数不多的例外,在省级台新闻立台、节目创新、单频道广告收入中,湖南台现在仍然名列前茅,在队伍建设、融合发展、多种经营上,湖南台仍然星光灿烂。我们不断地培养新人,全台上下对未来充满必胜的信心。这些成就,是台党委领导全台员工奋斗的结果。但是,今年我们也遭遇巨大挑战,主要是新时代媒体主流技术变化的挑战,以及全台较高的预算支出,增长放缓的经营收入,可能会出现透支的挑战,情况如果不改善,2019年全台可能会发生资金链上的困难。

怎么办?答案是:思想上要未雨绸缪,行动上要依靠人工智能大数据技术,打赢融合发展攻坚战,兼顾多种经营,强化科学管理,使湖南台跃进新时代。

二、致力融合发展

我们以"广告市场冰火两重天"为例,分析传统媒体和新媒体的区别。一方面,(1)传统媒体广告市场在向新媒体市场倾斜迁移;(2)经济结构调整和增长速度下调;(3)广告市场的规范化管理,杜绝了数额巨大的虚假广告;(4)现象级的节目数量减少;(5)民企500强中我们的朋友不多;(6)过去还抛弃了一些投资2千万元的中型客户,使得卫视广告异常难做。另一方面,新媒体广告市场人财两旺,"今日头条"以技术、产品和团队优势,仅用五年时间实现广告收入由300万元剧增到170亿元,再到2018年500亿元目标值,增长1.6万倍。

一线省级卫视1个频道每天黄金时段可用广告时间约1小时左右,可容纳15秒1条的广告约250条,每条广告一个客户,最多也就容纳250个广告客户,平均每条收费10万元,每天平均收入2500万元,年收入过100亿元都是一件很艰难的事情,当我们争取数百个客户去完成广告创收任务时(客户平均广告投入3000万元以上),"今日头条"以技术、产品和团队优势,仅用五年时间实现广告收入由300万元剧增到170亿元,他们2018年计划用6000个广告员,寻找60万个小微企业(每个小微企业广告投入10万元),目标是获得600亿元收入。传统媒体的广告客户数十分有限,通常不到300家,而新媒体是人工智能管理大数据和信息,能实现海量网民和无数广告客户的精准对接,理论上可以容纳无限的广告客户,于是新媒体具有超凡的变现能力。所以,传统媒体广告年收入上百亿元的不多,而新媒体广告年收入上百亿元的不少。

当然,全面看问题有利于我们学习和赶超。"今日头条"也有待完善之处:(1)取名言简意明,但"头条"从美学角度看尚嫌不足;(2)除了娱乐,还应增加对青少年社会责任的培养;(3)按用户喜好投放内容,使用户失去了对平时关注不多的重大社会新闻、自然灾害的了解机会;(4)内容审核员2800人,技术员3000人,人力成本偏高;(5)除非有重大创新,否则收入增长倍数收敛于2附近。

新媒体拥有影响媒体发展全局的大数据技术,收入上百亿元、上千亿元,经济实力和体量是我们的许多倍,他们是拥戴新技术的识时务者。我们知道在广电这里,内容为"王";而在新媒体那里,技术为"王"。实际上,每次推动媒体形式更新换代发生变化的力量,都是科学技术,都是那些带有战略意义影响全局的新技术。从用印刷机生产报刊,到用无线电电子管生产收音机,再到黑白电视、彩色电视、个人电脑、移动手机,这些信息工具所对应的报刊社、广电台、新媒体的替换,无一例外都是因技术而引起,同时,媒体的生存和发展与媒体接纳和采用新技术息息相关。

由此,可以得出这样一个结论:媒体研究新技术就能推动媒体引领新时代,采用新技术就能跟上新时代,排斥新技术就只能被新时代淘汰。当今左右媒体发展全局的战略技术,是人工智能大数据处理技术,深度与它融合,就能获得媒体全局性的胜利。这个结论称之为"媒体进步论"。

实践证明，融合发展的节点是以互联网思维建设全媒体，首要是建设好新媒体，而新媒体的核心技术是强大的内容推送引擎，支撑内容推送引擎的主要技术，是算法语言、用户大数据处理、文字图片视频识别、内容信息自动分类、深度学习能力、运算速度、智能推送等技术。因此，我们要努力研究这些技术，并把它们转化为生产力，使媒体获得超强的变现能力。当今左右媒体发展全局的战略技术，是人工智能大数据处理技术，深度与它融合，就能获得广电台全局性的胜利。否则，就只能是日落西山，无可奈何花落去。

如果湖南台把"技术底座"由战术型电子制播技术，转换成战略型智能化大数据处理技术，统筹管理芒果TV广告和卫视广告，将亿万网民与数万小微企业精准对接，就会出现新的奇迹。在台党委的领导下，我们有信心取得这个决定性的胜利。

为此，建议组建湖南台芒果人工智能研究院，研究人工智能在全媒体的应用（涉及大数据处理、深度学习能力、算法语言、运算速度、语音识别、图像识别、感应器识别、信息安全、遥控伺服等），先理论，后实践。研究院是弹性结构，由台领导、台内专家和外请专家组成（国防科技大学、中南大学都有世界级的信息处理专家），研究院下设一个实验田（比如芒果通讯、芒果智、"芒果汁"等），由专家和青年组成小分队，先做小规模试验，然后扩展成超新平台，注资1亿元，要求3年实现收入3亿元。

……

总之，新时代已向我们招手，明者因时而变，知者随事而制。只要

我们紧紧抓住融合发展、多种经营以及风险防控这三件事情,尤其是把"AI"请进门,就一定会迎来"芒果"又一春。

最后,我想说这次北大研修,已记载在湖南台学习发展史上,铭记在57位同学心中。

以上是我的学习体会。谢谢各位。

4.3.2 激励

激励是指管理者将有意识的外部刺激,转化为被管理者的自觉行动,从而最大限度调动被管理者的积极性,激励是决定人的工作效绩的关键因素。我们对员工的激励,通常是评选先进人物的精神激励和发放薪酬的物质激励。因为评选先进,大家都非常熟悉,所以不在这里讨论。我们讨论薪酬激励以及个人持股、双效奖励、知识产权分成等问题。

防止核心人才流失。事业兴衰关键在人,我们选拔人使用人培养人,一定要注重品德,尤其那些愿意终身为主流媒体服务的人,要优先培养实用。对于那些举着流动红旗的人,一旦自己获得了一定的名气、一定的生产技能和掌握了一定的人才,就开始跳槽,对主流媒体的影响是很大的。我们要勇于承认人才的市场价值,给他们以符合市场水平的薪酬回报,从待遇和企业文化上为人才成长营造宽松的环境。市场竞争归根结底是人才的竞争,是对人才的争夺。因此,我们要抓住以下几点:(1)留住低概率的少数关键人才,尤其是节目二次版权开发的团队制片人;(2)建设宽松、积极、健康和富于创造力的企业文化,要

"海阔凭鱼跃，天高任鸟飞"，充分发挥人才的潜力，当然轮岗也是激励人才释放潜能的有效措施；（3）勇于承认人才的市场价值，按市价支付薪酬。

1. 薪酬激励

薪酬激励是媒体最常用的激励方式。一般来说，媒体的用人成本主要是在薪酬激励上，它可以占到媒体收入的15%~35%，为此媒体会制定详细的薪酬体系，主要内容包含基本工资等级、岗位职务工资等级、绩效工资等级和奖金系数等。

与新媒体关联的行业，薪酬支出会更多一点。例如，华为公司运用薪酬激励方式，为1000位人才拿出100亿元给他们每人开出1000万元的年薪，勇于承认人才的市场价值，终于吸引最多的人才投奔华为公司，2016年华为收入5216亿元，排名中国民企第一，使华为成为业界公认的中国最伟大的企业。

2. 股权激励

在文化产业中，有一定规模的民营媒体（比如年收入在10亿元以上），其开发团队会要求持股，通常持股比例会占到30%~49%，否则，团队就会离走。在国有媒体，目前还没有普遍推行员工或者团队持股。

在用人问题上，碧桂园地产公司的故事，也许对我们从事文化产业的人来说具有参考价值。

案例 33 人才价值

2013年碧桂园董事长杨国强和中国平安保险董事长马明哲打高尔夫球，期间杨问马："你管理平安万亿资产感觉还很轻松，有什么秘方？"马回答："用最优秀的人才！我这有很多年薪千万的人。"回去后，杨国强对人力资源经理彭志斌说："我给你 30 亿元，你去给我找 300 个人来。"于是，碧桂园大量引进高端人才，并且拿出项目投资额度的 10% 给项目团队投资持股，团队缺钱的碧桂园公司可以借给，每投 1 元钱，年化收益可以达到 0.8 元，收益率 80%（假设碧桂园投资项目的自有资金投资为 1 亿元，银行资金跟进 10 亿元，银行的资金只需付息无须分利，于是银行资金产生的全部利润，都可以拿来按比例分给项目团队，所以地产销售纯利润虽然只有 10% 左右，但对于碧桂园投资项目自有资金投资 1 亿元而言，纯利润达到 100%，所以团队投入 10%，利润分配 100% 根本不是问题），公司将利润倾注到项目团队，凝聚了人心，激发了团队的工作效率。2016 年碧桂园销售额由 2013 年前的 476 亿元增长到 3088 亿元，仅次于老一恒大 3733 亿元、老二万科 3647 亿元，由此证明，使用优质人才和激励措施配套，对企业的飞速发展至关重要。

3. 双效奖励

为了激励节目生产、节目研发和节目编排团队更加有效地开展工作，电视台会设立收视奖，以往这个奖只追随收视率和收视份额。

收视奖励的贡献。首先，收视奖具有强引导性，它明确了媒体从决策层到各内容开发团队的努力方向，有效激发了优质内容产品的创新效率，从此，媒体推出新节目几十档，高收视、强影响的内容不断涌现，市场潜能极大跃升。其次，收视奖具有强激励性，它激发了员工创新创优争第一的内在潜能，由于收视奖的浮动性大，激励性强，且不限员工身份，一切紧密围绕媒体的收视目标和竞争战略来论功行赏，使它成为员工薪酬结构中极具活力的成分。

收视奖尚存不足。随着社会各界对内容产品的导向和社会责任有了更加严格的要求，对内容产品质量有了更高的追求，引发节目产业开发在剧情、舞美、视觉、听觉的新技术采用上投入更多，导致开发成本快速攀升，投入产出比明显下降。同时，新媒体与传统媒体在人才竞争上更加激烈，促使开发团队的人力成本不断上升，而媒体通常的收视奖励办法中，又没有考虑成本因素。显然，从加强内部管理等诸多因素考量，大家认为现行收视奖励办法，在发展中显现出缺陷：（1）奖励参数单一，欠科学，现行的收视奖励制度选用参数是收视率、收视份额、收视排名，是唯收视而收视，在社会效益上，除了出现负面影响不发奖以外，并没有考核要求，在经济效益上，诸如投入产出比、成本控制等因素均未涉及，客观上造成为了收视率可以不计成本，使经济效益严重下滑；（2）分配中向一线欠倾斜，与频道管理部门相比，开发团队的收视奖平均值，只有他们的30%左右，明显低太多，这不利于调动节目二次版权开发团队一线的积极性，也不利于团队队伍的稳定；（3）奖励操作流程欠透明，开发团队多数人不知道自己的绩效系数、收视奖励标准是多少，也不了解奖励发放规矩和流程，员工们普遍希望能够知

情,增加操作的透明度;(4)在兼顾全媒体上欠周到,据统计,媒体核心部门与媒体其他部门同级骨干,因收视奖发放的不规范,使他们之间的收入差别达到两倍以上。人们认为:同单位不同部门的同级干部,因为码头不同而导致薪酬差别这么大,这是有失公允的;而内容开发团队依靠夜以继日的创新和市场的认可,依据市场价值予以更高收入被认为是可以接受的。解决干部分配不合理办法有三:①缩小频道管理层与媒体总部同级的收入悬殊;②推进干部轮岗;③公开竞聘频道岗位。

完善创新收视奖。我们确定了新的收视奖励的设计思路,主要在奖励原则、奖励更名,以及在科学选择奖励参数、倾斜一线团队、规范操作、兼顾全媒体员工积极性等方面,加以重新考虑。(1)奖励名称的变更,中央强调媒体要坚持社会效益第一,兼顾经济效益,而不能一味唯收视率而收视率。正因为如此,奖励的计量参数要增加社会效益、经济效益的内容,建议将"收视奖励"更名为"双效奖励制度",总额度控制在媒体总收入额的2%;(2)奖励的最终目的,是使频道更好地完成党的任务,同时,获得更好的社会效益、更佳的经济收益、更高的收视率和市场占有率、员工更加公平的获得回报,同时确保员工心情舒畅;(3)奖励的基本原则,严控发放范围,规范发放流程,一线上不封顶、干部缩小差距,依双效定奖额,确保科学合理;(4)规范制度公开操作,对于各部室,各团队,正职以及依次往下部室副职、台聘正式、劳务派遣、非全用工,我们推荐依次设定为 A_1、A_2、A_3、B_1、B_2、B_3、C_1、C_2、C_3、D_1、D_2、D_3、E_1、E_2、E_3 共5级15档,每档均有相应的评定要求。在实际中,如果非常用工承担的职责和完成的工作量超过台聘正式员工，则可越档发奖。个人每月奖励数额的确定，依次由个人文字述职，在部室内部要组建由干部和工会代表组成的评定小组，来初步确定员工奖励额度，然后报部室主任审核，再按流程逐级审批，总台财务转账支付。

双效奖励制度宜用复合参数，计量单位可选用万元。这是一个关于奖励制度定导向的问题。我们要在频道收视奖励制度的基础上，增加社会效益参数和经济效益参数，使奖励更加科学。

奖励公式表述如下：

旧收视奖额 = 100% × 收视奖项集合 × 调节系数式　　　式（4-5）

式中：调节系数 = 1

新双效奖额 = 100%K_1 ×（50%K_2 + 50%K_3）× 调节系数式　　式（4-6）

式中：调节系数 = 2

K_1 是社会效益，K_1 = 社会效益考核评分/100，由设定若干项社会效益考核评分确定；

K_2 是经济效益，K_2 =（S/C_1 - 3），S/C_1 是投入产出比，数字 3 的意义在于，节目投入产出比大于 3 时，才会有基本利润，本项才有奖励贡献值；

K_3 是收视奖项集合，是众多收视奖项的总和。

对于不同部门，K_1、K_2、K_3 取值不同，它既要科学、精准，又要确保一线节目制作团队奖励不低于管理部门，100%、50%、50%等百分数，分别是社会效益 K_1、经济效益 K_2、收视率 K_3 的权重系数。在发双效奖的各部门，工作性质不同，权重可以有所不同，例如：节目二次版

权开发出的新节目、季播节目、新闻节目，所对应的投入产出比不同，根据实际调节权重系数。

社会效益 K_1 的取值范围，在 1.3 至 -1 之间，通常情况，良好取值为 1，对应社会效益考核 100 分；出现现象级正面社会效益时取值为 1.3，对应社会效益考核 130 分；出现导向的重大失误时取值 -1，对应社会效益考核 -100 分（例如节目受到中宣部、国家新闻出版广电总局、省领导书面批评，或者造成社会不良影响，对频道品牌、形象造成损害等）。双效奖励额度总数出现负值，不仅没有奖励，而且还要视情况轻重给予扣奖。K_1 的取值主要由舆论引导、社会评价、领导批示等因素评定，采用 100 分制。

经济效益 K_2 的取值范围，在 -1 至 5 之间，负值表示节目投入产出为亏损；1 表示盈利良好；2 表示盈利很好；3.5 以上表示极端盈利，它对应于投资 0.1 亿元，收入 1 亿元的这种传奇般的盈利情况，我们遇见过。K_2 取值由投入产出比、团队管理等因数组合计算确定。

收视率 K_3 的取值范围，可以参照媒体现行标准，取值主要由双网的收视率、市场份额、收视排名等参数综合决定，在收视奖集合中，有许多关于收视奖项的要求和对应的奖金发放标准。

有了上述公式，大家可以针对参数 K_1、K_2、K_3，设计一套既科学又易于操作的评定方法，这也是媒体薪酬管理部门的常规工作。除了 K_3 以外，K_1、K_2 的取值，由考核结果确定，考核条目和评分，可根据开发团队情况自行设定。

双效奖励计算举例：某节目二次版权开发团队的新节目，在频道播出,社会反应良好;开发投入 100 万元,收入 300 万元;假设该节目获得收视排名第 1 名给予奖金 1 万元,收视份额高于 10% 给予奖金 1 万元。

于是,按照式(4-5)计算收视奖如下:

旧收视奖额 = 100% × 收视奖集合 × 调节系数

$= 100\% \times (1+1) \times 1 = 2$ 万元

按照式(4-6)计算双效奖励如下:

此时 $K_1 = 1$;$K_2 = (300/100-3)$;$K_3 = 1+1 = 2$,

新双效奖额 = $100\% K_1 \times (30\% K_2 + 30\% K_3) \times$ 调节系数

$= 1 \times 1 \ [50\% \times (300/100-3) + 50\% \times 2] \times 2 = 2$ 万元

虽然两个计算结果一样,但是含义完全不同,式(4-6)不仅增加了社会效益一项,而且增加了成本考核内容一项,由于投入产出比处于保本状态 3,所以本项为 0,对奖金额没有贡献。

以上讲的是计算的团队总的双效奖励,发放到给每个人时,需要进行再分配。例如,某开发团队由制片人、中层骨干、正式聘用员工、劳务派遣、非全用工五种用工组成,我们推荐依次设置为 A_1、A_2、A_3、B_1、B_2、B_3、C_1、C_2、C_3、D_1、D_2、D_3、E_1、E_2、E_3 共 5 档 15 级双效奖励系数,算出标准系数 1 对应的双效奖励值,即可上、下推算其他级别的奖金值。双效奖励系每级均有相应的评定要求,安民告示。在实际中,如果非常用工承担的职责和工作量超过台聘正式员工,则可越级发奖。

4. 版权分成

在节目版权二次开发中，如果版权归于媒体，投资也是媒体，那么原则上讲，版权也属于媒体所有。为什么还要把版权收入中的一部分分配给开发团队呢？因为开发团队是版权的原创人，为了保护和调动他们的积极性，可以按市场的方式给予适当的奖励，至少可以拿版权收入的千分之一奖励制片人，百分之一奖励团队，让创新之花持续绽放。

4.3.3 制片人制

在节目的规模化开发中，我们会以题材来组建各种开发团队，而团队的负责人就是制片人，然后会有执行制片、导演、导演助理、前期创意、策划、设计、前期拍摄、后期制作、音乐、灯光、舞台美术、艺人沟通、制片（剧务）等专业人员，在制片人的统一领导下开展工作。因此，整个团队的开发创新和市场表现，主要是由制片人来负责。通常，上级会委托节目制片人来搭建整个开发团队。

由制片人来负责某一题材的节目的开发、创新、预算的编制、团队的组建和管理，我们称之为制片人制。

通常一个省级主流媒体，会拥有几个或者几十个内容生产开发团队，对应也就会有几个或者几十个制片人，但真正最有影响力的内容生产团队往往只有几个。因此，这些为数不多的制片人，就成为媒体最为核心的战略资源。他们往往会被市场中的互联网大鳄、节目生产的上市公司挖走，因为这些民营公司会给他们更好的发展空间，同时，民营公司会给他们1000万元的年薪，当然他们给民营公司的回报也会在亿元以上。

如何防止优秀制片人流失，关键是两点：一是营造优秀的主流媒体内部文化，用积极的氛围和宽松的环境来牢牢吸附优秀制片人。二是勇敢承认优秀制片人的市场价值，对于那些创造了几亿元、几十亿元市场价值的优秀制片人，主流媒体可以从社会效益、经济效益、收视率、投入产出比、知识产权激励分成等多方面考量，开出高薪。

4.3.4　AB轮换

在制片人制中，可以考虑实行A、B轮换。当A在执行节目开发生产时，B去进修学习，研究创新；当B在执行节目开发生产时，A去进修学习，研究创新。这样做，能够使创新之树常青，节目开发创新源源不断。

需要说明的是，制片人的学习、工作的角色轮换，与干部轮岗是两码事。我们不赞成干部的AB轮岗，因为这样轮岗时，A发现B以前的失误不敢纠正，因为担心B会在A以前的岗位上找茬。此时，我们应该采取A、B、C、D、E轮岗，使他们不易产生互相顾及之事。

4.3.5　班子考核

这里所指的班子，是节目开发的班子或者制片人团队的班子。通常情况下，人们会设计一些表格，内容包括"德、勤、能、绩、廉"，然

后用 5 分制，或者"优秀、良好、一般、合格、不合格"等，也可以加入"社会效益"参数、"经济效益"参数（参见预算管理部分），这里不加以陈述。

➤ 案例 34 班子考核

我们仅举一个开发团队班子考核的例子。在 2015 年度考核中，我们对某媒体《时政内参》《唐史研究》《高原探索》三个节目开发团队班子做了年度考核，为上级领导评价工作提供依据。

我们在对这三个开发团队班子的考核中，亲眼见证了他们艰辛创业、大胆尝试和把青春贡献给媒体事业发展的事迹，我们的事业之所以兴旺，是因为团队中的制片人带领员工奋斗创新的结果，他们的身影，已深深地印在我们的心中。这次考核，我们有以下共识：

1. 考核遵循的原则

按照上级的要求，我们在考核中坚持三个原则，即坚持实事求是，坚持公平公正，坚持爱护人才。一路下来，我们先后同 7 位制片人、副制片人、中层以上骨干谈话，并做了翔实的谈话记录。基层的实践告诉我们，比较好的团队班子有四个特点：（1）业绩突出，效益较好；（2）同级干部、中层骨干，都能比较好的发挥作用；（3）班子团结，但又有不同声音出现，决策民主，办事廉洁；（4）班子学习和自我完善的能力比较强。

我们认为，现在是媒体发展的最好时期。主要原因：一是通过近些年的奋斗和积累，媒体具备了一定的综合实力；二是现任媒体决策层高度重视管理，高度重视节目开发，高度重视知识产权、新媒体业务。因此，媒体发展的大环境非常有利于开发团队的快速发展，我们要珍惜现在的发展环境和机遇。

通过调研，我们认识到节目开发时，受财力及各种瓶颈制约，发展之路仍然艰难。

2. 需要改进的地方

下面的问题在节目开发团队中，均有不同程度的反映：

（1）协调发挥同级、中层骨干、导演的作用上有欠缺，存在人力浪费，其客观理由很多，诸如班子成员年龄老化、少数班子成员是外行等，其本质还是班子负责人认识缺位所致。

（2）制作团队在新媒体、手机游戏、品牌授权、资本运作、成本控制、综合决策等方面知识掌握不够，产品的适应性不强，致使摸索道路的时间太长，支付的学习成本太高。

（3）缺乏有效的权力监督机制，滋生了把制作团队当作自家庄园来谋取私利的腐败现象，忘记自己仅是这份国有资产的值班员。

出现这些问题的主要原因：一是团队主要负责人在岗时间太长，缺乏工作激情（在同一个岗位工作10年以上）；二是上级部门对他们的管理有些粗放；三是对他们缺乏针对性强的业务培训。

3. 冷静思考后的建议

针对上述问题，我们建议上级尽快对全媒体制片团队负责人实行精

细化管理，具体举措有三，即轮岗、访谈和培训。

（1）坚定推进轮岗。国有主流媒体所有岗位都是国家的，制片人的工作就是为国家服务，任何人没有理由拒绝轮岗。对于有把握、已看准的制片人，可以直接任命；对于没有把握的制片人，可以坚持竞聘上岗。轮岗的效益在于：第一，轮岗是对制片人能力的进一步培养和挑战，它不仅有助于制片人自身能力的提高，还有助于提高制片人的工作效率，因为他会改进过去的不足；第二，有助于开发团队的发展，事实上，后来者出于要超越前者的愿望，往往会努力推进制片团队的发展；第三，有利于铲除牟私的土壤和生产线，维护国家利益；第四，有利于保护制片人和防止腐败。

（2）建立常规谈话机制。人力资源部门要有一个3人团队，常年活动在基层，有序地在全媒体几十个制片团队开展调研，发现问题及时反馈解决，不要等到年终考评时再来解决问题，这样既降低了管理成本，又提高了全媒体管理效益。这样做还有一个好处，那就是发现青年人才，尤其是人品、实干、写作、说话、创新、自我完善六个方面俱佳的青年。一般来说，下级渴望上级能给他政治上的公平，能使他工作充实和有所作为，能让他感受到尊重、沟通和关爱，这些对于一把手而言并不难办到。如果不这样做，下级就会消极、抵触、反抗，甚至告状。这种上、下级之间的隔阂、积怨，应及早消除。

实际上，2015年度这三个制作团队都大幅提高了员工待遇，群众满意度提高，但由于同级、中层骨干的沟通不够，导致隔阂而使班子成员考核成绩偏低。

（3）创办媒体干部学院。可以仿照延安时期"抗大"的办学方式，为媒体培养合格的制片人。通过一种锲而不舍的、长期的高水准培训，使制片人具有较高的领导水平和较强的市场运营能力，促进媒体整体运行更加健康、高效。

学院宜由媒体领导兼任院长，由行家任教务长。培训时间可以安排在每周一工作例会后，授课时长控制在30分钟左右。主要培训内容建议如下：①制片人领导原则与领导艺术；②节目模式的流行趋势研判；③新媒体的主要运营模式（尤其是剖析腾讯、盛大、百度主流门户网以及华为、淘宝的生意经）；④网游产业链、知识产权产业链、动漫产业链；⑤资本运作的常用模式；⑥发展规划、经营方式、风控机制、招标流程；⑦团队制片人班子考评、经费使用审计等。

第五章　风险控制

本章所述内容，是从管理角度，对一些可能会出现的问题予以分析。本章不针对任何特定的人和事，也不确定实际中一定发生了这样的问题。当然，如果实际中的确存在这些问题，当事人也许是无意为之，也许是有意为之。在实际工作中，存在各种问题是正常现象，因为管理与被管理本身就是一对矛盾体。管理者的责任，是要防止这些问题发生，或者解决已经发生的这类问题。

实际上，当我们把目光放到脚底下时，会看到许多平常看不到的问题，这使我们有些担心。俗话说人怕伤心，树怕伤根。如果媒体的根基溃烂，总有一天，几代人努力建设的大厦就会顷刻坍塌。听党的话，坚守廉洁自律底线，不仅是党的要求，而且是媒体发展的保证。如果我们不从制度上、机制上防控各种风险和腐败，那么，最终我们将面临失败。为了确保事业健康发展和预防风险；我们必须提高认识、加强教育、完善制度和增强应对风险的能力。下面我们分析媒体产业中常见的几种风险，并给出应对措施。

第五章 风险控制

5.1 岗位的风险防控

岗位风险，主要指在人财物等关键管理岗位上的两个风险：一是决策风险；二是选人用人风险。例如，对市场调查不深入，对项目盈利能力分析欠周到，对财务上以收定支不重视，在一些关键决策要素上，缺乏冷静缜密的分析而做出决策导致工作失误，这类失误可以看作决策失误。又比如，使用干部不经过集体充分讨论，而是表面上走流程，实际上只听信亲信推荐，结果三流的人才干一流的工作，使事业遭受挫折，这是用人风险，也是吏治腐败的表现。

对于岗位风险的防控，首先是坚持一心为公，深入调研，冷静思考，集思广益，科学决策。其次是要把不称职的干部换下来或者轮换到他适合的岗位上去。

➢ 案例35 美军轮岗

国防大学金一南教授赴美国西点军校做访问学者，回国两年后再访西点军校，结果他熟悉的教官都不见了，一问才知，为了防止职务腐败，美军轮岗是两年一次。

随着技术的发展，在一些专业性很强的岗位，媒体越来越多的会聘用职业经理人团队加入媒体中去，如果媒体没有规范的制度约定，就有可能出现管理上的失控。例如，媒体自办的投资基金，管理上会使用外

来的职业经理人。又如新媒体视频，在 CDN 内容分发这一块，媒体可能使用外来职业经理人及团队，出现 CDN 的采购失控，导致频带租用费用出现非正常飙升。针对这个漏洞，我们应制定 CDN 采购流程和配套制度，以及相应的控制措施，同时在人事上要搞五湖四海和坚持轮岗，要培养自己的思想技术都过硬的青年骨干，还要强化管理考核和风险评估等措施。

5.2 赤字的风险防控

任何一个单位，短期出现一点财务赤字，并不可怕，只要决策上没有问题，总能找到扭亏为盈的办法。但是，一个有几十年历史，有上千人的队伍的主流媒体，本来账上有若干亿元的资金结余，结果由于决策失误，导致财务出现赤字，本来一手好牌，却打成了一手坏牌。这种情况如不及时制止，将债务缠身，人才流失，满盘皆输，十年建厦一朝覆灭。究其原因，主要是决策缺乏科学和民主，重资产非盈利项目投入过大，盈利项目投入过小，广告创收、项目营销下滑等。这时最重要的应对措施，是坚持集体决策，投资项目效益优先，预算开支以收定支，放慢重资产项目的建设进程等。

➢ 案例 36　未雨绸缪

A 公司与 B 公司的风控能力对比，2008 年国家开始吹风行将调控房地产市场，A 公司即开始在香港储备 100 亿港币资金，同时把一半产能从生产地产建工机械转变为生产消防、城市卫生、农村联合收割机，当国家在2010年年初果断出台调控措施，中联重科平稳过渡，而B公司没有预设风控措施，结果出现销售坏账、资金严重困难，导致减产、裁员。

5.3 节目生产空心化的风险防控

现在传统媒体的节目生产，开始习惯外包，从前期摄制、后期制作、节目包装的外包等，节目制作外包的开支逐年增大，占到节目生产成本10%以上，而且还在快速增长，这个现象发展到极致，就是外购节目，媒体只管播出，逐渐失去节目生产能力。

➢ 案例37 空心苦果

华东某省级卫视，它们把节目制作团队推向社会，自己失去了节目生产能力（节目生产空心化），结果购买节目时价格奇高，严重挤压了媒体的运行利润空间，媒体现在后悔不已。原来生产一档节目成本是2000万元，播出时广告可卖2亿元，毛利润1.8亿元，后来把节目生产外包，于是购买外包生产的节目开支涨到1.5亿元，播出广告卖了2亿元，毛利润只剩下0.5亿元，利润空间被严重挤压，失去了发展的后劲，这就是节目生产空心化的恶果。

空心化的危害不仅是在媒体，在国家层面上同样是一大危害。我国通过几十年努力，建成371个门类齐全配套的工业制造体系，使中国制造走向全球，尤其是高铁、核电、重型装备等。相反，美国工业制造业空心化已经多年，现在它连建设自己的军港，都要从上海港机厂进口海港龙门吊。可见，制作的空心化，于国家、于媒体，都是一件危险的事情。所以，我们必须坚持自己生产节目，制定严格的措施，逐年降低节目外包制作比例和外包制作经费开支比例。

5.4 广告营销的风险防控

在互联网做广告可以得到6折的优惠，在传统媒体做广告只能得到9.5折的优惠，从这个意义上说，传统媒体的广告营销比互联网的广告营销要难做一些，因为折扣小油水也少。但实际上，传统媒体的广告负责人犯经济错误的人数并不少，原因在于传统媒体年度广告金额在几千万元至上百亿元不等，里面漏洞不小。其一，媒体广告相关人员个人私底下成立广告公司，厂家做广告先在媒体相关人员个人的公司过一道水，再投放到媒体广告营销部。其二，厂家到媒体投放广告时，由于对广告业务不专业，所以90%的厂家都选择把广告投资交给广告代理公司，再由广告代理公司把钱打到媒体广告营销部去，折扣仍是9.5折，这时广告代理公司会找媒体广告相关人员，向媒体广告营销部门负责人提出各种广告资源补偿的要求，通常资源补偿的价值占到广告投放金额的2%～10%，于是广告代理与媒体相关人员之间有可能有交集，广告相关人员平均可以拿到3%的资源补偿，一年下来就是几千万元。其实，媒体的广告销售依靠的是媒体平台和媒体品牌、市场趋势以及广告营销部集体策划服务的综合能力，广告相关人员的作用处在从属位置。防控风险的办法，一是教育；二是从严制定广告资源补偿的工作审批流程；三是广告相关人员轮岗。

5.5　电视剧购买的风险防控

早些年购买电视剧节目等，节目出卖方可以给节目购买方20%至40%的折扣优惠，或者干脆把折扣变成回扣，私底下送给节目购买者私人，形成行贿受贿。近些年，媒体在购买节目上设立了许多环节，比如由节目编排和节目营销部门提出节目购买需求，经专家、领导审片小组提出对待购节目的评审意见，最后由媒体党委集体研究决定是否购买某个节目。从台面上看，这个流程是合理的。但实际上，在节目营销岗位干上十来年，如果革命意志不坚定，挡不住节目供应商的利益诱惑，很容易犯错。风险防控办法，一是不断改进购买流程；二是准确掌握市场行情，价格上减少回扣的空间；三是节目购买部门的干部实行两年轮岗一次的制度。

5.6　节目生产环节的风险防控

在节目生产的艺人合同洽谈、制作外包、吃住行、节目模式购买、节目宣传、节目团队选拔等各个环节，监管者与牟私者是一对矛盾体，

牟私者消耗了媒体的利润空间，败坏了队伍。因此，我们必须运用科学手段制止牟私行为，堵住开支漏洞。

艺人合同洽谈，酬金价格持续居高，可以占到整个节目制作成本的70%左右，一个艺人出场费从几十万元到上亿元不等，高昂的酬金严重挤压了媒体利润空间，给媒体发展造成了资金上的匮乏。因此，要准确掌握艺人酬金的行情动态，用媒体品牌价值和力量来压价，要选择德艺双馨、酬金较低的艺员，同时坚持集体谈判，相关人员两年轮换岗位。

节目制作外包，要对比至少三年的统计数据，仔细加以分析，从节约成本和防止节目生产空心化的战略高度，逐年降低外包制作和经费开支比例。

节目团队的吃住行，其费用尽管占节目生产费的比例不大，但也常出现问题。

> **案例38　高开发票**

某节目制作团队拍摄外景，安排200位演职人员入住商务酒店，本来提前预约折扣是五折，结果经办人把发票开出九折，显然住宿费提高了四成。监督者只要一个电话打过去，情况就清楚了。这种问题轻则是违规把别的费用算进来多开发票，重则是贪污公款，应当查办。

节目模式购买，要坚持"用才买"的原则，坚决制止买了许多模式根本不用，把过时的模式也吹成是新鲜东西买进来。其次，要对购买模式的使用情况实行年度考评，以此作为评价节目模式购买部门工作质量的考核内容。

在节目宣传上时有浪费。有的电视剧推广费只花了几十万元，就让国人皆知，而有的综艺节目推广费几千万元，大家还不知道这个节目播到哪儿了。甚至还有人认为预算花不完，是无能的表现，"花钱越多越能干，结余预算是笨蛋"。对于这个问题，解决的办法，预算工作者深入一线，驻点参与日常工作，分析数据，制止浪费。或者专门成立宣传推广部门，采取经济责任承包方式，有推广任务目标要求，有公开报价，有预算，有甲乙双方签署的合同，有推广的质量监督。

在节目团队选拔上，比较理想的方式是根据节目生产要求，在全台范围内选拔创意方案和团队，而不是仅仅局限在某一频道内，这样做有两个好处，一是调动和发挥全台人才的积极性；二是有利于降低节目制作成本，因为地面频道制作同样质量的节目，成本要节约50%以上，这样提高了全台的资金使用效率，减少了浪费和腐败。

5.7 设备购买租赁的风险防控

设备购买，正常情况下有合理流程。但问题往往出现在非正常场合：一是有时间的时候，制作团队不提出设备需求，到了即将要做节目了，剧组才提出要购买设备，而且指定设备供应商，否则别怪他们节目制作效果不佳，这时因为时间紧，购买设备价格只好任人喊价；二是到外地办晚会，急需添置设备，由栏目组临时招标，而真正负责招标的部门无人在场，只是由真正负责招标的部门某负责人签字应付流程要求，

然后往上报批,一般情况下上级领导也发现不了这种"虚假招标",因为从签字上看不出漏洞;三是购买多种不同类型的设备,多家供应商都是同一个人控制,而我们却傻傻地一一对应着他的公司去采购;四是供应商不来谈判现场,仅仅通过采购小组打几个免提电话,就算完成采购招标流程,确定某个供应商,甚至还有允许这类奇葩采购方式的红头文件;五是串通设备使用部门,在中标后更改标书采购设备清单,标书中的设备是一种规格,以最低价中标后,在与商家签署购买合同时,任意更改中标后标书设备清单的设备型号(同型号设备后缀字母不同,性能、价格差别巨大),以次充好,以假货充当原装正品,几千元一件的货品几百元就搞定,有些胆大者居然把年采购总量50%以上的清单都加以修改,涉及金额变动达到采购总额的20%以上,假设一年采购2亿元设备,通过私底下修改标书清单,变动金额就是4000万元之巨;六是买进的新设备不按协议合同清单的品牌型号开箱开机验货,不开箱验货可能导致购买甲品牌的设备,交货的是乙品牌,或者购买的是高配置的设备,交货的却是低配置的设备。凡此种种,都是违规违纪行为,我们必须坚决加以杜绝。同样,这些岗位的员工也必须实行两年轮岗。

设备租赁,一线省级媒体在节目制作过程中,或多或少要租用一些设备,尤其是先进的新设备,以求获得爆棚的效果,这也属正常。但是,一些价格不贵且很普通的设备,偏偏不自己购置,非要租赁人家的,造成了资金的浪费。通常外租设备主要有灯光、音响、舞美、大屏幕墙、特种设备(航拍设备等)、其他设备,每年开支几千万元,十年累积下来也不是一个小数目。

第五章 风险控制

➢ 案例 39　租赁漏洞

某设备，机身加两只镜头（一只广角到中焦的镜头，一只中焦到长焦的镜头，一套无线话筒），合计一套售价不到 4 万元，按五年折旧，用 40 万元购买十套机器，平均每天使用总成本是 219 元。如果租用十套机器，每天每套租金至少 500 元，十套机器每天租金是 5000 元，等于每天多支付 5000-219＝4781 元，一年仅按 200 天工作日计算，仅租用这一种设备就多开支 96 万元，十年下来就是 960 万元！可见资金浪费惊人。但这仅是冰山一角，因为与此类似，各种设备租赁每年开支至少是这套器材售价的几十倍，十年下来费用就是天文数字了。如果租赁设备的公司是媒体人员个人的，问题的性质就由浪费变成了侵吞媒体资产。更为严重的是，媒体每年在制作设备上面投入上亿元资金，而节目外包生产和设备租赁的开支不仅没有减少反而不断增加。媒体自己的制作机房还时常闲置，造成严重的设备设施资源浪费。试问，每年购置那么多的设备，难道不是节目制作所急需的吗？既然是节目制作所急需的，那为什么还要出去外包和租赁设备呢？解决这个问题的办法，是对有关责任人追责，关键岗位应实行从一般干部到处级干部两年任期，期满轮岗，同时，制定严格的设备租赁制度，规定租赁设备种类，规定逐年降低设备租赁开支的比例。

以上所述我们不针对任何特定的人。不过，我们可以想一想，身边有没有这样的问题。实际上出现这些问题，不是哪一个人的事情，而是

"小集体"先商量后配合默契的结果。针对这些问题,主要应对措施如下:

(1)建立完善集体决策机制,决策前广泛征求专家意见,力争决策专业合理。

(2)营造"节约光荣,浪费可耻"的浩然正气。

(3)由台领导、宣管、人事、财务和技术专家,组成全台社会效益和经济效益考核评估督查组,调查分析和评定单位成效。

(4)信任不能代替监督,对关键部门、关键项目可以制定相应的监督制度,监督中发现问题及时解决,针对漏洞,制定堵漏措施。严是厚爱,严管是对干部的最好保护。

(5)深入推进干部轮岗,关键岗位的员工及副科以上的干部,应该实行二年轮岗制。在财务、采购、租赁等岗位违规的员工应调换岗位,对问题严重者应给予组织处分。同时,强化管理岗位的专业对口。例如,财务、资产、物资、采购岗位,必须使用财务专业的干部,原则上不要用其他专业的干部代替,实践证明,由不懂财务者管理财产,多数是错误成堆,使媒体失去对财产有效监管。

说到这里,不免使我想起1894年中日甲午海战。那次海战中国失败,虽然失败的原因诸多,包括中国军舰发动机技术落后,运转速度较慢,军舰机动性能不好等,但失败的关键原因还是清政府的腐败所致。例如,花钱买来官不会打仗;军购腐败,炮弹根本打不了敌人,因为炮弹里面装填的不是火药而是沙子,是腐败导致中国在甲午海战中战败。由此可见,一个民族要想在世界上立于不败之地,除了勤劳勇敢,还必须廉洁反腐。

案例检索

案例1：文广产业 P7；　　　　　案例2：资源比较 P26；

案例3：内容产业 P27；　　　　　案例4：老牌影视 P27；

案例5：芒果盒子 P31；　　　　　案例6：视频文创 P32；

案例7：文化地产 P33；　　　　　案例8：投资决策 P36；

案例9：GP获利 P37；　　　　　案例10：加注资本 P38；

案例11：团队激励 P38；　　　　案例12：创新制作 P42；

案例13：节目出口 P43；　　　　案例14：非官方制造 P43；

案例15：联合出效 P43；　　　　案例16：套装模式 P44；

案例17：效益优先 P45；　　　　案例18：速度优先 P45；

案例19："一带一路" P45；　　　案例20：小中有大 P46；

案例21：各有高招 P46；　　　　案例22：芒果产业 P46；

案例23：解说词例 P62；　　　　案例24：数据开发 P102；

案例25：数字图书 P105；　　　 案例26：衍生产品 P149；

案例27：文广版权 P155；　　　 案例28：广告冠名 P160；

案例29：头条广告 P161；　　　 案例30：精准推送 P192；

案例 31：培训奇迹 P214； 案例 32：学习分享 P215；

案例 33：人才价值 P222； 案例 34：班子考核 P230；

案例 35：美军轮岗 P235； 案例 36：未雨绸缪 P236；

案例 37：空心苦果 P237； 案例 38：高开发票 P240；

案例 39：租赁漏洞 P243。

参考文献

[1]《中华人民共和国著作权法》(2010年修订版)。

[2] 行业标准《广播电视音像资料编目规范 第1部分：电视资料》。

[3] 行业标准《广播电视音像资料编目规范 第2部分：广播资料》。

[4] 行业标准《广播电视节目资料分类法》。

[5]《现代汉语词典》第7版，商务印书馆，2016年版。

[6] 腾讯研究院&IT桔子联合发布的《2017年中美人工智能创投现状与趋势研究报告》，2017年8月25日互联网。

[7] 谢方.《"融合"背景下的五维发展空间》(获2016年中国广播电影电视社会组织联合会论文评选一等奖)，中国广播影视出版社2016年出版《广播电视信息资料论文集（九）》，第28页。

[8] 谢方.《关于创新广播电视台预算管理体系的思考》，《中国广播电视学刊》(中文、信息与知识传播核心期刊，中国新闻传播核心期刊) 2016年第10期第61页。

[9] 谢方.《关于广播电视台版权管理和开发的思考》，《中国广播电视学刊》(中文、信息与知识传播核心期刊，中国新闻传播核心期刊) 2017年第3期第111页。

[10] 谢方.《数字音像档案研究与开发应用》，中国广播影视出版社 2017 年出版。

[11] 谢方.《音像资料的"流态化"过程及前景》（2008 年获全国音像资料馆协作会论文评选一等奖），中国广播电视出版社 2011 年出版《广播电视信息资料论文集（五）》，第 14 页。

[12] 谢方，颜克俭.《紧跟入世和集团化改革进程，加速发展现代音像资料事业》（2002 年获中国广播电视协会论文评选一等奖），中国广播电视出版社 2010 年出版《音像档案数字化研究与实践》，第 306 页。

[13] 谢方.《国内外音像资料工作发展动态及我们的应对措施》（2010 年获中国广播电视协会论文评选一等奖），中国广播电视出版社 2010 年出版《广播电视信息资料论文集（五）》，第 14 页。

[14] 肖克昌，谢方，陶雨生，曹直文等.《磁带录像机》，中国广播电视出版社 1990 年出版，第 50 页。

[15] 谢方，黄秉源，张雅芳，周哨山等.《电视接收机、录像机与卫星接收》，海南三环出版社 1992 年出版，第 260 页。

后　记

清晨眺望湘江北去，我仿佛看到了中华民族五千年文明的宏伟历史画卷，唐、汉的文化盛世；明、清末年的文化没落；元朝文人们在茶馆、戏院打发光阴，产生了元代特有的戏曲文化……数千年灿烂文明的故事仿佛就发生在昨天，令人深思。今天，祖国大力发展文化产业，以增强国家的软实力，是一件非常有意义的事情。

文化强国，匹夫有责。为此，我把多年在广播电视台从事产业管理和研究的一些心得体会撰写成书，虽然这些内容是以与广电相关联的产业为主，但对其他媒体而言，项目原理是相同的，可以互相借鉴。全书文字控制在13万字左右，约两天的阅读量，取名为《媒体多维产业与AI聚变》。这是我今年写作的第二本书。今年5月出版的《数字音像档案研究与开发应用》，主要讲音像档案的研究应用，从内容产业角度上看，其中的一些章节也属于内容产业的范畴，比如版权等，因此我把它们选入了本书当中。

借此机会，我要衷心感谢中共湖南省委原副书记文选德同志为本书作序，选德同志在湖南从事文化工作几十年，辛勤耕耘，多有著述，对湖南的文化事业建设和文化产业发展，应该说尽到了责任，付出了心血，作出了贡献。我还要感谢中共湖南省委原副秘书长钟万民同志，他给了我许多帮助和指点，使我克服了许多困难。我感谢北京大学新闻与传播学院党委书记、副院长陈刚教授为本书撰写序言以及在京为我们作的精彩讲座；感谢清华大学新闻与传播学院常务副院长尹鸿教授、北京邮电大学电信传播研究中心主任曾静平教授、国防科技大学计算机学院网络工程系主任徐明教授长期以来对我的支持。感谢湖南广播电视台吕焕斌台长及各位台领导、同事以及我的家人，是他们的支持才使我顺利完成本书的写作。

谢 方 2017 年 11 月 21 日于长沙